Guido Fuchs

Unsere Weihnachtslieder und ihre Geschichte

W0083532

Der Autor

Guido Fuchs, Dr. theol., apl. Professor für Liturgiewissenschaft an der Universität Würzburg, Leiter des Instituts für Liturgie- und Alltagskultur in Hildesheim (www.liturgieundalltag.de). Zahlreiche Veröffentlichungen zur Theologie und Praxis der Liturgie und ihrer Beziehungen zur Alltagskultur.

Guido Fuchs

Unsere Weihnachtslieder und ihre Geschichte

HERDER

FREIBURG · BASEL · WIEN

MIX
Papier aus verantwor-
tungsvollen Quellen
FSC® C083411

Neuausgabe 2018
© Verlag Herder GmbH, Freiburg im Breisgau 2009
Alle Rechte vorbehalten
www.herder.de

Umschlaggestaltung: Chris Langohr Design
Umschlagmotiv: © jelenayukka / fotolia

Satz: de·te·pe, Aalen
Herstellung: CPI books GmbH, Leck

Printed in Germany

ISBN Print   978-3-451-03141-0
ISBN E-Book 978-3-451-81428-0

Inhalt

Vorwort

An Weihnachten schauen wir gern zurück. An Weihnachten
erinnern wir uns an frohe Feste, als wir selbst Kinder waren
und im Mittelpunkt standen – aber auch an glückliche Stunden, die wir als Erwachsene mit den eigenen Kindern bei diesem Fest verbracht haben. An Weihnachten machen wir vieles,
was wir sonst längst nicht mehr tun: im Familienkreis Lieder
singen beispielsweise. Und auch die Lieder stammen meist aus
längst zurückliegenden Jahrhunderten: »Wie uns die Alten
sungen«, so tun wir es an Weihnachten eben heute noch – und
auch, *was* sie uns sungen: »Es ist ein Ros' entsprungen« oder
»In dulci iubilo«, »Stille Nacht« ganz gewiss und sicher auch
»O du fröhliche« und manch andere Lieder mehr. Wenn wir
die Gottesdienste an den weihnachtlichen Tagen mitfeiern,
werden wir in den Kirchen oft sogar mit noch älteren Gesängen zu diesem Fest konfrontiert, die bis in biblische Zeit
zurückreichen. Das Weihnachtsfest, das wird uns deutlich, hat
eine lange Geschichte, und die hat auch in den Liedern ihre
Spuren hinterlassen.

Das vorliegende Buch will aber nicht einfach nur die Geschichte einzelner Weihnachtslieder nachzeichnen – das haben
schon viele unternommen, in Büchern, Kommentaren, Arti-
keln und auch Predigten: Ganze Regalmeter lassen sich damit
füllen. Vielmehr soll in den Geschichten und historischen
Hintergründen rund um die Lieder die Geschichte des Weihnachtsfestes selbst erzählt werden. Denn jedes Lied zeigt eine
ganz eigene Sicht auf das große Fest.

Und diese Geschichte endet nicht im 19. Jahrhundert, auch
wenn jene Zeit mit dem Bild einer im Kreis der Familie statt-
findenden Feier die für uns nachhaltigste Vorstellung von
Weihnachten bewirkt hat. Denn das Fest der Geburt Jesu
Christi, das erstmals im 4. Jahrhundert gefeiert wurde, ist für

immer neue Wendungen und Aspekte offen; auch sie drücken sich in den Liedern und Gesängen aus: zuhause, in der Kirche – aber inzwischen auch in Kaufhäusern, im Fernsehen, im Videoclip.

Deshalb sollen in diesem Buch auch neuere geistliche Lieder, Schlager und Popsongs dargestellt und auf ihre Aussage hin befragt werden. Denn auch sie können uns bei näherer Betrachtung etwas Wesentliches über Weihnachten vermitteln, lassen die »alte Mär« von der Güte und Menschenliebe Gottes, die uns in der Geburt Jesu erschienen ist, auf je eigene Weise neu werden.

25 Lieder werden in diesem Buch näher vorgestellt, daneben zahlreiche andere erwähnt und beschrieben. Der Bogen reicht von den ältesten Gesängen zur Menschwerdung Gottes aus der Mitte des ersten Jahrhunderts bis in das Jahr 2005. Es sind Lieder in unterschiedlichen Sprachen und aus verschiedenen Konfessionen, manche sind uns scheinbar vertraut und geben doch Unvermutetes preis; wieder andere sind vielleicht noch unbekannt – und lassen doch altbekannte Saiten anklingen.

Ich lade Sie mit diesem Buch ein zu einer Spurensuche des Weihnachtsfestes im Weihnachtslied, möchte Sie aber auch dazu ermuntern, an Weihnachten selbst zu singen, damit es nicht nur heißt: Wie uns die Alten sungen, sondern vielmehr: *So tun es auch die Jungen!*

Hildesheim im Juli 2018

Der Philipperhymnus (Phil 2,6–11)
(um 55 nach Chr.)

(Seid so gesinnt, wie es das Leben in Christus Jesus fordert:)

Er war wie Gott,
hielt aber nicht daran fest,
Gott gleich zu sein,
sondern entäußerte sich,
wurde wie ein Sklave
und den Menschen gleich.

Sein Leben war das eines Menschen;
er erniedrigte sich
und war gehorsam bis zum Tod,
bis zum Tod am Kreuz.

Darum hat ihn Gott über alle erhöht
und ihm den Namen verliehen,
der jeden Namen übertrifft,
damit vor dem Namen Jesu
alle Mächte im Himmel,
auf der Erde und unter der Erde
ihre Knie beugen
und jede Zunge bekennt:

Herr ist Jesus Christus
zur Ehre Gottes des Vaters.

Von der Herablassung Gottes

Der Abstieg ist nicht vermeidbar – doch das Ziel ist der Wieder-Aufstieg! Diese Feststellung könnte von einem Fußballtrainer stammen, sie umschreibt aber ebenso den Inhalt des wohl frühesten Gesanges zur Menschwerdung Jesu Christi, die wir an Weihnachten feiern. Und trotzdem ist dieser Gesang wiederum kein Weihnachtslied, denn Weihnachten gab es damals noch nicht. Doch der Reihe nach.

Weihnachten ist ein sehr altes, aber keineswegs das älteste christliche Fest. Wir wissen über seine Entstehung und erstmalige Feier nicht genau Bescheid, es wird aber mit guten Gründen und Belegen davon ausgegangen, dass es in Rom am 25. Dezember spätestens in der 1. Hälfte des 4. Jahrhunderts begangen wurde. Das war immerhin rund 300 Jahre nach dem Tod Jesu – ein lange Zeit! Bis dahin hatten die Christen vor allem den Sonntag gefeiert als den ersten Tag der damaligen Arbeitswoche, an dem nach den Berichten des Neuen Testamentes Christus von den Toten erstanden ist. Sie trafen sich in den Häusern oder anderen Räumen zum Mahl der Eucharistie. Deshalb ist der Sonntag gewissermaßen der »Urfeiertag« – selbst das jährliche Gedächtnis des Todes und der Auferstehung Christi, Ostern, entstand wohl erst später; zumindest stammen die Belege dafür erst aus dem 2. Jahrhundert. Neben der Feier des Sonntags und des Osterfestes gedachte man auch schon bald der Männer und Frauen, die in den Phasen der Christenverfolgung als Märtyrer und Märtyrinnen ihr Leben ließen und so ihrem Herrn gleich wurden. Dies geschah jeweils an ihrem Todestag.

Der Grundgedanke der christlichen Feiern war also bis dahin ein sehr österlicher: Das Mysterium des Todes und der Auferstehung wurde an den genannten Anlässen auf verschiedene Weise je neu aktualisiert. Als dann im 4. Jahrhundert

Feste mit anderen Inhalten entstanden, deutete das auch auf eine veränderte Situation der Kirche hin, die sie nicht zuletzt der ihr gewährten Freiheit durch Kaiser Konstantin verdankte. Es entstanden nun auch Feiern und Feste, die das ganze Leben Jesu, auch seine Geburt und Kindheit, in den Blick nahmen.

Gesänge in den Evangelien

Das bedeutet aber nicht, dass man bis dahin in den ersten drei Jahrhunderten nicht auch Lieder gesungen hätte, welche die Menschwerdung Christi zum Inhalt hatten. Natürlich keine Weihnachtslieder in unserem Sinn – wohl aber andere, biblische Gesänge, in denen es um die Herablassung Gottes zu den Menschen geht. Solche Gesänge gibt es mehrere im Neuen Testament. Vor allem das Lukasevangelium enthält drei besonders schöne und große: den Gesang Mariens (Magnificat), den Gesang des Zacharias (Benedictus) und den Gesang des greisen Simeon (Nunc dimittis). Alle drei finden sich in der Kindheitsgeschichte Jesu, wie sie der Evangelist in den ersten zwei Kapiteln beschreibt. Manche Verse in ihnen lassen sich auch auf die Menschwerdung beziehen; so das Wort aus dem zuvor stummen Mund des Zacharias: »Durch die barmherzige Liebe unseres Gottes wird uns besuchen das aufstrahlende Licht aus der Höhe, um allen zu leuchten, die in Finsternis sitzen und im Schatten des Todes« (Lk 1,78–79). Auch wenn hier von Christus und seiner Geburt nicht die Rede ist, so ist doch offenkundig, dass der Lobpreis, den Zacharias anstimmt, auf das Kommen Gottes in Christus Bezug nimmt. Das Licht wird auch im Gesang des greisen Simeon genannt, der in dem vierzig Tage alten Knäblein, das er auf den Händen hält, das Licht zur Erleuchtung der Völker erblickt.

Und noch einen Gesang enthält die Kindheitsgeschichte des Lukas: Auf den Feldern Betlehems stimmen die Engel das

»Gloria in excelsis« an – »Ehre sei Gott in der Höhe, und auf Erde Friede den Menschen seiner Gnade.« Zusammen mit anderen hymnischen Anrufungen (»wir loben dich, wir preisen dich, wir beten dich an …«) wird das »Gloria« wohl schon im 4. Jahrhundert als ein Hymnus auf den Vater und den Sohn (unter Nennung des Geistes) gesungen. Im 4. Jahrhundert begegnet das Gloria als Gesang zur Messe an Weihnachten – und seitdem ist es als Ganzes wie auch als Zitat (»Engel auf den Feldern singen … Gloria«) aus dem Schatz der weihnachtlichen Gesänge nicht wegzudenken. Als einer der wenigen freien Texte aus ältester Zeit überlebte es das Verbot selbstgemachter Hymnen, die das Konzil von Laodicea im Jahre 350 aussprach; wegen der Gefahr einer Vermischung von Glaubenswahrheiten gab man nämlich den Psalmen als Gesang der Kirche den Vorzug.

Psalmen als prophetische Stimme

Diese 150 alttestamentlichen Gesänge wurden sehr früh schon von den Christen als Prophezeiungen auf den Herrn verstanden und gesungen. Bereits im Neuen Testament werden sie zitiert, weil man in ihnen das Geschick Jesu Christi vorabgebildet sah: »Alles muss in Erfüllung gehen, was im Gesetz des Mose, bei den Propheten und in den Psalmen über mich gesagt ist«, sagt es der Auferstandene selbst (Lk 24,44). Später unterteilte man die verschiedenen Arten, wie die Psalmen Jesus Christus zum Aufschein bringen: Es gibt Psalmen, in denen *über Christus* gesprochen wird – z. B. in Psalm 23, in dem es heißt: »Der Herr ist mein Hirte«; es gibt Psalmen, in denen *Christus selbst spricht* – z. B. Psalm 22: »Mein Gott, mein Gott, warum hast du mich verlassen«; und es gibt Psalmen, in denen *der Vater zu Christus spricht* – z. B. Psalm 2: »Mein Sohn bist du, heute habe ich dich gezeugt.« So konnten verschiedene Psalmen – etwa auch Psalm 19, Psalm 72, Psalm 96 durchaus als

Lieder zur Menschwerdung Christi gesungen werden, auch als noch kein Weihnachtsfest gefeiert wurde. In späterer Zeit – bis heute – wurden diese messianischen Psalmen als weihnachtliche Gesänge in den Feiern der Tagzeitenliturgie (»Mettenpsalmen«) ebenso wie in der Messfeier verwendet. Zwei verschiedene Psalmen, Psalm 19 und Psalm 80, dienten Bischof Ambrosius von Mailand im 4. Jahrhundert schließlich auch als Anregung für seinen weihnachtlichen Hymnus »Intende, qui regis Israel«, wie noch zu sehen sein wird. Und die Sonnenmotivik des Psalms 19 hängt so eng mit der Entstehung und Theologie von Weihnachten zusammen, dass dieser immer wieder aufgegriffen und zitiert wird.

Der älteste Text zur Menschwerdung

Der vielleicht älteste Text, der die Theologie der Inkarnation, der Menschwerdung Gottes, zum Ausdruck bringt, findet sich im neutestamentlichen Philipperbrief. Der Apostel Paulus schrieb ihn wohl um das Jahr 55 an die Gemeinde von Philippi in Mazedonien. Das 2. Kapitel dieses Briefes enthält ein Christuslied, einen Hymnus, der den Weg Christi aus dem Sein Gottes in die Welt der Menschen und wieder zurück zu Gott beschreibt. Von ganz oben führt ihn dieser Weg in die tiefste Erniedrigung, ja bis zum Tod am Kreuz. Von dort aber hat Gott ihn über alle erhöht und ihn zum Herrscher des Alls eingesetzt, vor dem alle ihre Knie beugen. Der Text, so wird vermutet, stammt nicht von Paulus selbst, er hat ihn also vorgefunden, allerdings mit markanten Zusätzen versehen.

Kein Wort von Weihnachten – aber vom Tod am Kreuz: Deshalb steht der Philipperhymnus vielen Menschen eher als ein Passionstext vor Augen, er wird ja in der katholischen Kirche auch in der Passionszeit und am Fest Kreuzerhöhung gelesen und gesungen. Und doch handelt er von der Menschwerdung – allerdings nicht im Sinne unserer Vorstellung von

Betlehem, Stall und Hirten: Die Menschwerdung Christi ist für Paulus Ausdruck der Erniedrigung; denn der, der dem Höchsten gleich war, verzichtet auf seinen Status, wird ein Sklave, nimmt einen Menschenleib an, dem der Tod eigen ist; ja selbst der Tod, den er erleidet, ist der schändlichste, den die Antike kannte. Und sie ist Ausdruck des Mit-uns-Teilens; Christus behielt seine Gottheit nicht für sich »wie eine Beute« – wäre das so gewesen, hätte sich für uns Menschen nichts geändert. Indem er aber unser Leben teilte, gab er uns auch die Möglichkeit, Anteil an seinem göttlichen Leben zu erhalten. Denn das ist letztlich die Botschaft dieser Darstellung des Abstieges: Am Ende steht die Erhöhung. Gott erhöht die Niedrigen, macht die Schwachen mächtig.

Vorbild der Gesinnung Christi

Vor diese Strophen des Liedes hat Paulus den Satz gestellt: »Seid untereinander so gesinnt, wie es das Leben in Christus Jesus fordert.« Und dann schildert er den Christen in Philippi dieses Leben. Es soll ihnen als Vorbild dienen, selbst demütig zu sein, auf eigenen Status zu verzichten – nicht um seiner selbst willen, sondern, um einander dienen zu können. In der christlichen Gemeinde soll es kein Statusdenken mehr geben; Jesus selbst hat diese Umkehr in seiner Verkündigung des Reiches Gottes immer wieder gefordert; er bricht mit den gesellschaftlichen Vorstellungen und fordert auch uns dazu auf: Bei euch soll es nicht so sein! Er bietet ja auch das beste Vorbild: in seiner Menschwerdung, seinem Leben für andere und seiner Hingabe am Kreuz.

Auf Weihnachten bezogen bedeutet das: Wir feiern in diesem Fest den Gegenentwurf zur gesellschaftlichen Vorstellung der Geburt eines Kindes. Nicht der Wunsch nach Aufstieg begleitet es, sondern das Wissen um den Abstieg, den Gott selbst um unsretwillen gewählt hat. Es ist eine Umdrehung des

Gewohnten, eine Revolution in der Gesinnung (Immanuel Kant), die auch zum Grundmuster christlicher Existenz werden soll.

Immer wieder wird in den späteren Weihnachtsliedern auf den Philipperhymnus Bezug genommen; diese Selbstentäußerung Gottes klingt auch da an, wo die gewählten Bilder aus den Evangelien stammen: die harte Krippe, die entwürdigenden Verhältnisse in Betlehem, seine Armut. Vielleicht sind sie uns so vertraut geworden, dass uns ihre ursprüngliche revolutionäre Bedeutung gar nicht mehr in den Sinn kommt. Oder wir sie nur als besonderes und einmaliges Geschehen erachten. Die Geburt Jesu in die Niedrigkeit unseres Menschseins hinein sollte uns aber zum Vorbild der eigenen Gesinnung werden, uns gegenüber den anderen klein zu machen. Wer so im Geiste Christi handelt, kann wie Paulus sagen: Nicht mehr ich lebe, sondern Christus in mir.

Komm, du Heiland aller Welt

»Veni redemptor gentium«,
Ambrosius von Mailand († 397)

(1.) Merk auf, du König Israels,
der über Cherubim du thronst,
erschein' vor Ephraim, biet' auf
dein' königliche Macht und komm!

1. Komm, du Heiland aller Welt;
Sohn der Jungfrau, mach dich kund.
Darob staune, was da lebt:
Also will Gott werden Mensch.

2. Nicht nach eines Menschen Sinn,
sondern durch des Geistes Hauch
kommt das Wort in unser Fleisch
und erblüht aus Mutterschoß.

3. Es erwählt der Jungfrau Leib;
ob er schon verschlossen war,
nahm der Herr doch Wohnung drin.
Gott in seinem Tempel weilt.

4. Wie die Sonne sich erhebt
und den Weg als Held durcheilt,
so erschien er in der Welt,
wesenhaft ganz Gott und Mensch.

5. Von dem Vater kam er her,
und zum Vater kehrt' er heim;
er stieg nieder bis zur Höll'
und fuhr auf zu Gottes Thron.

6. In die menschliche Natur
legt sein göttlich Wesen er,
gibt ihr teil an seinem Sieg
und schenkt neu ihr seine Kraft.

7. Glanz strahlt von der Krippe auf,
neues Licht entströmt der Nacht.
Nun obsiegt kein Dunkel mehr,
und der Glaube trägt das Licht.

8. Gott dem Vater Ehr und Preis
und dem Sohne Jesus Christ;
Lob sei Gott dem Heil'gen Geist
jetzt und ewig. Amen.

Das älteste Weihnachtslied

»Wer ist das eigentlich, Gott?«, lautete der Titel eines bekannten Buches, das vor etlichen Jahren erschienen ist und
großen Erfolg hatte. Eine Frage, die die Menschen eben immer
wieder interessiert. Vor allem die ersten Jahrhunderte brachten Fragen zur Person Jesu auf, die brennend waren: Wer ist
das eigentlich, dieser Jesus Christus? Ist er Mensch, ist er
Gott? Ist er beides und *wie* ist er das? Gerade das Weihnachtsfest stellte zunächst diese Fragen in den Vordergrund. Die
Theologen und Dichter der Alten Kirche wurden nicht müde
zu betonen, dass das Kind, das Maria geboren hat, ein wirk-
liches Menschenkind ist, das gestillt werden muss, Windeln
braucht und auf andere angewiesen ist. Zugleich aber ist es der
wahre Gott, der allem Leben Nahrung gibt und vor dem sich
alle beugen: ein kleines Kind – der urewige Gott.
 Die Auseinandersetzung um die Frage: Wer ist das eigentlich, Jesus Christus?, scheint heute zwar seltener geworden zu

sein, doch sie findet sich noch in vielen Weihnachtsliedern wieder – natürlich auch in dem ältesten von uns heute noch gesungenen (das wir allerdings zumeist im Advent singen): »Komm, du Heiland aller Welt« oder, wie es in den evangelischen Gesangbüchern heißt, »Nun komm, der Heiden Heiland«. In seinem lateinischen Original »Veni redemptor gentium« stammt es von dem Mailänder Bischof Ambrosius, der es Ende des 4. Jahrhunderts gedichtet hat. Zu seiner Zeit war das Weihnachtsfest gerade einmal wenige Jahrzehnte alt – es war in Rom am Tag und anstelle des Festes der »Geburt des unbesiegbaren Sonnengottes« (Wintersonnwende) am 25. Dezember eingeführt worden. Zumindest lässt sich aus einer Mitte des 4. Jahrhunderts entstammenden Liste mit Todesdaten von Bischöfen ablesen, dass in Rom schon um das Jahr 335/337 mit dem 8. Tag der Kalenden des Januar (= 25. Dezember) das Gedenken der Geburt Christi verbunden war. Eine Adventszeit, wie wir sie heute kennen, gab es zu dieser Zeit noch nicht. So wird uns der Text des Bischofs aus Mailand unter anderem von Augustinus in einer Rede und später auch durch eine Bemerkung des Papstes Coelestin auf dem Konzil in Rom im Jahr 430 als weihnachtlicher Hymnus bezeugt.

Psalmen als Stoff

In seiner ersten Strophe hatte Ambrosius den Beginn des Psalms 80 aufgegriffen: »Du Hirte Israels höre, der du Josef weidest wie eine Herde! / Der du auf den Kerubim thronst, erscheine vor Efraim, Benjamin und Manasse! / Biete deine gewaltige Macht auf und komm uns zu Hilfe!« (Ps 80,2–3)

Es zeigt den Umgang mit den Psalmen auch in dieser Zeit auf: Sie dienten als Vorausbild des Christusereignisses und wurden so auch von den Christen verstanden und gesungen. Die Verarbeitung eines Psalms und dessen christlichen Erfüllungssinnes zu einer neuen musikalischen Gattung ähnelt der

»Erfindung« des Psalmliedes durch Martin Luther viele Jahrhunderte später.

Wohl weil die erste Strophe metrisch etwas schwierig ist, fiel sie mit der Zeit weg; so wurde die ursprünglich zweite Strophe zur ersten, und das markante »Komm« (»Veni«), mit der sie beginnt, machte das Lied zum heute klassischen Adventsgesang. Die traditionelle Melodie des Liedes lässt sich bis in das 11. Jahrhundert zurückverfolgen. Martin Luther hat den lateinischen Hymnus in das deutsche Lied »Nun komm, der Heiden Heiland« umgedichtet, das bis heute im evangelischen Gesangbuch steht. Im katholischen Gesangbuch »Gotteslob« findet sich leider eine verstümmelte Fassung, wie das häufig bei vor allem längeren Liedern und Psalmen der Fall ist.

Handgreifliche Auseinandersetzung um Glaubensfragen

Ambrosius gilt als Schöpfer des liturgischen Hymnengesanges; er hatte diese Art der Musik zu einem gottesdienstlichen Volksgesang gemacht. Wahrscheinlich waren es auch Auseinandersetzungen mit dem so genannten Arianismus in Mailand, die den Bischof zur Einführung solcher Gesänge in die Liturgie bewogen. Die Anhänger des Arianismus – eine Glaubensrichtung, die nach einem Priester namens Arius benannt ist – sprachen dem Sohn Gottes die Wesensgleichheit mit dem Vater ab, sahen in ihm ein Gott untergeordnetes Geschöpf. Die Konzilien des 4. Jahrhunderts bekämpften diese Lehre durch die Betonung des »Gott von Gott, gezeugt, nicht geschaffen, eines Wesens mit dem Vater«. Auch Ambrosius tat dies, nicht zuletzt mit den Mitteln der Verkündigung durch Volksgesang.

Zur unmittelbaren Konfrontation kam es im Jahr 386, als Ambrosius mit seinen Anhängern die Basilika, die den Arianern seitens des kaiserlichen Hofes in Mailand zur Verfügung gestellt werden sollte, besetzte. Durch Predigten, Ansprachen und neuartige Lieder – Hymnen – wurde das Volk begeistert und zusammengehalten. Es muss in diesen Tagen ähnlich zugegangen sein wie bei den Friedensgebeten in der Nicolaikirche 1989 in Leipzig, und zu einer Wende, zu einem Sieg des katholischen Volkes über die Arianer, kam es schließlich auch. Es war eine bewegte Zeit, in der dieses Lied entstand, und es gibt uns bis heute Zeugnis davon.

Das Leben Christi im Bild der Sonne

Neben dem Psalm 80 und seiner Bitte um das Kommen des Herrn spielt noch ein anderer Psalm eine wichtige Rolle für das Verständnis dieses Liedes; es ist der Psalm 19, in dem der Lauf der Sonne beschrieben wird. Der Psalm beginnt mit einer Beschreibung der Verkündigung der Werke des Herrn durch die Himmel und durch den Wechsel von Tag und Nacht; wortlos ist diese Verkündigung, und doch geht ihre Botschaft bis zu den Enden der Erde. Dann heißt es weiter:

»Dort hat er der Sonne ein Zelt gebaut. Sie tritt aus ihrem Gemach hervor wie ein Bräutigam; / sie frohlockt wie ein Held und läuft ihre Bahn. / Am einen Ende des Himmels geht sie auf und läuft bis ans andere Ende.« (Ps 19,5–7)

In das Bild dieses Sonnenlaufes hat Ambrosius das Leben Christi gefasst; das mag seine tieferen Wurzeln in der bereits erwähnten Umdeutung des Festes »Geburt des unbesiegbaren Sonnengottes« in das Fest der Geburt Christi haben. Wie die Sonne als Held ihre Bahn läuft, so auch Christus, freilich als ein Held mit einem zweifachen Wesen, wie es bei Ambrosius wörtlich in der Strophe 5 heißt, ein Held, der Gott und Mensch zugleich ist. Markus Jenny bringt den Sinn dieser Verszeile auf den kurzen Nenner: »wesenhaft ganz Gott und Mensch«. Es ist ein Glaubenszeugnis, ein gegen den Arianismus gerichtetes Bekenntnis zur Gottheit Christi – in der Zeit des Ambrosius, aber auch heute. Wie wichtig ihm diese Glaubensaussage ist, wird auch daran deutlich, dass er sie später nochmals wiederholt und davon spricht, dass der Sohn dem ewigen Vater (wesens-)gleich ist.

Abstieg und Aufstieg

Den Weg, den Christus, der Sonne gleich, als Held durcheilt, umschreibt Ambrosius in der 6. Strophe mit dem Bild des Weges Christi, wie ihn der Philipperhymnus nennt: Doch dieser Held ist kein übernatürliches Wesen, kein Halbgott, sondern eben auch ganz Mensch, in einer ganz menschlichen Geburt zur Welt gekommen. Die Dichter nach Ambrosius werden nicht müde, diesen Vorgang der Schwangerschaft und Geburt in geradezu gynäkologischer Genauigkeit zu beschreiben. Auch Ambrosius nennt – in aller Paradoxie: eine schwangere Jungfrau! – den anschwellenden Bauch Marias, in dem des Leibes Frucht zu wachsen beginnt.

Die 7. (8.) Strophe, in der Ambrosius das Licht, das von der Krippe aufleuchtet, beschreibt, ist Ausdruck seines Glaubens an den unwiederkehrbaren Anbruch des Reiches Gottes: Mit der Geburt dieses Kindes ist das Licht in die Welt gekommen, das keine Nacht mehr kennt, wie es in der Offenbarung des Johannes heißt. Mit Christus ist Gott, das Licht selbst, gekommen, das allen leuchtet, die in Finsternis sitzen und im Schatten des Todes.

Adventliches Weihnachtslied

In manchen katholischen Gemeinden wird zu Beginn der Christmette ein letztes Adventslied gesungen. Das war früher, als dieser nächtliche Gottesdienst den Auftakt der weihnachtlichen Feiern darstellte, durchaus sinnvoll, um den Übergang von der Adventszeit zu markieren. Heute, da in den meisten Familien bereits am Nachmittag bzw. Abend des 24. Dezembers Weihnachten gefeiert wird, stellt dieser Brauch einen

Anachronismus dar. Wenn es aber überhaupt ein Lied gibt, dass einen solchen Übergang zum Ausdruck bringt, dann ist es das Lied »Komm, du Heiland aller Welt«, denn es ist gewissermaßen ein adventliches Weihnachtslied. Doch man tut der Entstehung und dem Inhalt des Liedes Unrecht, wenn man es auseinanderreißt in zeitliche Abläufe und die ersten Strophen der Adventszeit, die letzten Weihnachten zuordnet. Diese Abfolge war Ambrosius fremd. Das Geschehen der Geburt, für das er diesen Hymnus dichtete, umfasst alle diese Gedanken.

In diesem ältesten uns vorliegenden Weihnachtslied zeigen sich die Ereignisse und Entwicklungen des 4. Jahrhunderts: die Entstehung eines eigenen Geburtsfestes, das ein älteres Sonnenfest überformt hatte; die Auseinandersetzungen um den wahren Glauben, die Ambrosius dazu bewogen haben, Hymnen zu dichten und sie seine Gemeinde singen zu lassen; und schließlich die Frage danach, wer dieser Christus eigentlich ist – sie stellt sich bis heute, und so hat dieses Lied von seiner Aktualität auch nichts eingebüßt.

Vom hellen Tor der Sonnenbahn
»A solis ortus cardine«, Caelius Sedulius (um 430)

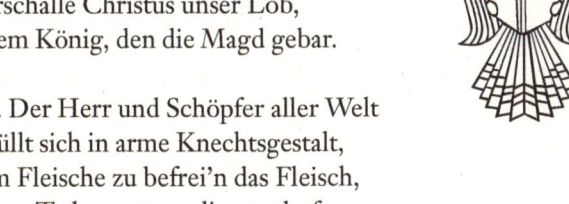

1. Vom hellen Tor der Sonnenbahn
bis zu der Erde finst'rem Rand
erschalle Christus unser Lob,
dem König, den die Magd gebar.

2. Der Herr und Schöpfer aller Welt
hüllt sich in arme Knechtsgestalt,
im Fleische zu befrei'n das Fleisch,
vom Tod zu retten, die er schuf.

3. Er scheut es nicht auf Stroh zu ruh'n,
die harte Krippe schreckt ihn nicht.
Von einer Mutter wird gestillt,
der allem Leben Nahrung gibt.

4. Der Himmel bricht in Jubel aus,
die Engel künden Gottes Huld,
den Hirten wird geoffenbart
der Hirt, der alle Völker lenkt.

5. Herr Jesus, dir sei Ruhm und Preis,
Gott, den die Jungfrau uns gebar,
Lob auch dem Vater und dem Geist
durch alle Zeit und Ewigkeit.
Amen.

Entfaltung des Weihnachtsfestes

Dass das Weihnachtsfest allem Anschein nach in Rom entstand, hatte gute Gründe: Vermutlich wurde damit auf das Fest des »natalis solis invicti«, des unbesiegbaren Sonnengottes reagiert, das der römische Kaiser Aurelian im Jahr 275 als Feiertag verfügt hatte. So wurde die Feier der Geburt Christi als »natalis solis iustitiae« verstanden, als Geburt der »Sonne der Gerechtigkeit«, ein Begriff, der von dem Propheten Maleachi geprägt wurde (Mal 3,20): »Für euch aber, die ihr meinen Namen fürchtet, wird die Sonne der Gerechtigkeit aufgehen, und ihre Flügel bringen Heilung.« Begeistert wurde dieses Bild Christi als der wahren Sonne dem damaligen Sonnenkult entgegengehalten – nicht nur im Zusammenhang des Weihnachtsfestes, sondern auch hinsichtlich der Übernahme der römischen Bezeichnung »Tag der Sonne« (Sonntag) für den ersten Tag der Woche.

Rasche Verbreitung

Von Rom aus verbreitete sich das neue Fest sehr rasch. Das ist zu einer Zeit, die kirchlich noch nicht zentral organisiert war wie heute, nicht selbstverständlich. Für Nordafrika ist die Feier um das Jahr 360 belegt, nur wenig später für Norditalien. Dass in Mailand unter Bischof Ambrosius, der 397 starb, das Geburtsfest Christi gefeiert wurde, klang im letzten Kapitel bereits an; Ambrosius schrieb ja einen Hymnus auf die Geburt des Herrn. Auch für Spanien gibt es Belege für das Weihnachtsfest aus dem späten 4. Jahrhundert.

Sogar im Osten hatte es sich teilweise verbreitet. Das ist insofern interessant, als sich hier, ausgehend von Ägypten, ein eigenes Fest der Menschwerdung und auch ein eigenes Datum entwickelt hatte, am 6. Januar. Doch schon bald, ab dem Ende des 4. Jahrhunderts, wurde der 25. Dezember von verschiedenen östlichen Kirchen übernommen. Manche hielten länger an der Tradition des 6. Januar fest, übernahmen dann aber später den 25. Dezember als Feiertermin. Dieser ist übrigens bis heute auch im Bereich der Ostkirchen (mit Ausnahme Armeniens) das Datum für die Feier der Geburt des Herrn, auch wenn fälschlicherweise immer wieder behauptet wird, die orthodoxen Christen feierten dieses Fest am 6. Januar. Dass man tatsächlich alljährlich im Fernsehen am 6. Januar Bilder von der orthodoxen Weihnachtsfeier zum Beispiel in Moskau sieht, hat seinen Grund darin, dass man hier liturgisch am alten Kalender festhält, der gegenüber dem gregorianischen eine Verschiebung von 13 Tagen aufweist. Und so kommt es, dass die Russen im Gottesdienst den 25. Dezember 13 Tage später feiern – und das ist dann zufällig genau am 7. Januar, der liturgisch am Vorabend beginnt...

Mehrere Festinhalte

Wir sind es heute gewohnt, mit dem 25. Dezember einen bestimmten Festinhalt zu verbinden, nämlich die Geburt Jesu in Betlehem, zusammen mit der Verkündigung der Engel an die Hirten und deren Gang zur Krippe. Es ist die Schilderung der Geburt Christi aus dem Lukasevangelium, die auch im Gottesdienst verkündet wird, die zu diesem Inhalt der Feier führte. Dass diese Engführung nicht zwingend ist, zeigt sich in der Geschichte: Tatsächlich gab es in den einzelnen Kirchen anfänglich auch noch andere Festinhalte der Feier am 25. Dezember, die bei uns heute längst auf andere Tage verschoben sind. So gedachte man teilweise auch des Kindermords zu Betlehem, den uns Matthäus überliefert. Derselbe Evangelist berichtet von der Anbetung der drei Weisen aus dem Morgenland: Auch dieses Geschehen, das sich bei uns inzwischen mit dem 6. Januar (»Heilige Drei Könige«) verbunden hat, gehörte einmal zum 25. Dezember und wird im christlichen Osten bis heute in den weihnachtlichen Hymnen am 25. Dezember besungen.

Noch gab es ja kein »Kirchenjahr« in unserem Sinn mit verschiedenen, auf einzelne Tage verteilte Feiern des Christuslebens. Das entwickelte sich erst im 4. Jahrhundert allmählich – ausgehend von Jerusalem und dem Heiligen Land, wo man die Möglichkeit hatte, die verschiedenen Anlässe passend zum Ort und auch entsprechend den biblischen Zeitangaben zu begehen: Der Gottesdienst wurde so gewissermaßen zum »Lokaltermin« … Bis dahin aber beging man oft mehrere Anlässe an einem Tag – wie eben die verschiedenen biblischen Begebenheiten, die zur Geburt Christi gehörten, an Weihnachten.

Der Christushymnus des Sedulius

Die Verbreitung des Weihnachtsfestes trug auch zur Ausprägung eines weihnachtlichen »Liedgutes« erheblich bei; nach Ambrosius schrieben auch andere Dichter Hymnen auf die Geburt Christi. Das weihnachtliche Lied hat so einen großen Anteil an der Blüte der Hymnendichtung. Zugleich trug die Dichtung auch dazu bei, das Fest populär zu machen und zu verbreiten.

In diese Epoche der Verbreitung des Weihnachtsfestes über Rom hinaus und auch zu seinem damals noch reichem Festinhalt passt ein Hymnus des Caelius Sedulius, der in den ersten Jahrzehnten des 5. Jahrhunderts entstanden ist und heute noch in Ausschnitten gesungen wird: »A solis ortus cardine« – »Vom hellen Tor der Sonnenbahn«. Sedulius, der als Priester bezeichnet wird, stammte aus Südgallien oder Nordspanien, so genau weiß man das nicht. Sein Hymnus ist ein sogenannter Abecedarius; er besteht aus 23 vierzeiligen Strophen, die jeweils mit einem Buchstaben des Alphabets beginnen. Die ersten sieben (lateinischen) Strophen, beginnend mit den

Buchstaben A bis G, besingen das weihnachtliche Geschehen vom Menschwerdungs-Plan Gottes bis zur Geburt und ihrer Verkündigung durch die Engel an die Hirten; die folgenden sechs Strophen von H bis N handeln von Herodes, den drei Weisen aus dem Morgenland, dem Kindermord in Betlehem, von der Taufe des Herrn sowie seinem ersten Heilungswunder und der Hochzeit von Kana, wo Jesus Wasser in Wein wandelte. Auch diese letzteren biblischen Begebenheiten gehören noch in das weihnachtliche Umfeld, wie zu sehen sein wird, zugleich aber zeigen sie auch, dass der vollständige Hymnus das ganze Leben Jesu darstellt.

Das Ganze im Einzelnen

Sedulius will aber keinesfalls nur das biblische Geschehen in poetische Form bringen; auch ihm liegt, ähnlich Ambrosius und anderen Dichtern dieser Zeit, daran, die Göttlichkeit Jesu aufzuzeigen. Die erregten theologischen Debatten der Zeit um die Wesenhaftigkeit des Sohnes Gottes klingen in ihnen nach. Christus, der in diesen ersten Strophen nur zu Beginn namentlich, dann gleichsam mit Titeln genannt wird (Fürst, Herr, Hirt) ist kein Geschöpf, er ist vielmehr selbst der Herr und Schöpfer aller Welt. Und als solcher scheut er sich nicht, menschliches Fleisch anzunehmen, um den Menschen zu retten, den er selbst erschaffen hat. Wenn hier davon gesprochen wird, dass Christus der göttliche Schöpfer ist, so geht das letztlich auf die biblischen Aussagen zurück, dass in ihm alles geschaffen ist (Kol 1,16) und er das WORT ist, durch das alles wurde (Joh 1,3). Der Leib des Menschen Maria wird durch ihn, den Gottgleichen, zum Tempel. Obwohl er gestillt werden muss, wie es in der 3. Strophe heißt, ist er doch zugleich und letztlich der Ernährer und Erhalter allen Lebens. Diese paradoxe Aussageweise, die im Hymnus des Sedulius' gelegentlich anklingt, wird in späteren Dichtungen noch stärker verwendet werden; Sedulius dient sie dazu, die unauslotbare Größe des Kindes auszudrücken. Seine besondere poetische Fähigkeit drückt sich auch in der rhetorischen Figur der Paronomasie aus; durch gleiche Vokabeln werden verschiedene Bedeutungen ausgedrückt: »ut carne carnem liberans« – »im Fleische zu befrein das Fleisch« (2. Strophe) oder auch »palamque fit pastoribus pastor …« – »den Hirten ward geoffenbart der Hirt«. Vielleicht hat auch wegen seiner theologischen Tiefe und poetischen Schönheit der Hymnus die Jahrhunderte überdauert; Martin Luther hat die beiden genannten Teile in zwei Liedern übersetzt: »Christum wir sollen loben schon« und »Was fürchtst du, Feind Herodes, sehr«. Sie gehörten lange Zeit zu den evangelischen Hauptliedern der Weihnachtszeit, wurden aber nicht mehr in das Gesangbuch von 1995 übernommen. Im katholischen Stundenbuch sind die beiden Teile als Hymnen zu Weihnachten und Epiphanie ausgewiesen. ·

Ein einziges Fest mit verschiedenen Aspekten

Die heutige Tendenz, ältere Lieder auseinanderzureißen und entsprechend den Anlässen im Kirchenjahr zu verwenden, wie es auch bei dem Hymnus des Ambrosius anklang, entspricht nicht deren ursprünglicher Intention, auch nicht ihrer Entstehungszeit, die eine Differenzierung der Menschwerdung Christi in verschiedene Phasen nicht kannte. Noch war, auch zu Zeiten des Sedulius, die Feier der Geburt des Herrn am 25. Dezember ein einziges Fest, das verschiedene Aspekte beinhaltete, die aber alle das Geheimnis der Menschwerdung Gottes zum Ausdruck brachten. Erst allmählich gliederten sich einzelne Aspekte als eigene Feiern heraus. Auch wenn sein Lied vielleicht nicht als Ganzes zum Gebrauch in der Liturgie gedacht war, ist es doch noch Zeugnis einer Zeit, die das Ganze auch im Einzelnen in Blick hatte.

Ein kleines Kind – der ewige Gott!
Romanos der Melode († um 560)

Die Jungfrau gebiert heute den über alle Wesen Erhabenen,
und die Erde bietet eine Höhle dem Unnahbaren.
Engel lobsingen mit den Hirten,
Weise aber ziehen mit dem Stern,
denn für uns wurde geboren
ein kleines Kind – der ewige Gott.

(1) Betlehem schloss auf Eden – kommt lasst uns schauen!
Den Überfluss im Verborgenen haben wir gefunden,
kommt, lasst uns aufnehmen
die Gaben des Paradieses im Inneren der Höhle.
Dort zeigte sich die wasserlose Wurzel,
die Vergebung hervorsprossen ließ.
Dort fand sich der ungegrabene Brunnen,
aus dem einst David zu trinken verlangt'.
Dort stillte die Jungfrau, da sie ein Kind gebar,
auch den Durst von Adam samt David.
Darum lasst uns dorthin eilen, wo geboren ward
ein kleines Kind – der ewige Gott.

Weihnachten, das Fest des Paradoxons

Auch wenn es also gute Gründe gab, dass das Weihnachtsfest
zuerst in Rom begangen wurde, lässt sich doch fragen, warum
die Feier der Geburt Jesu eigentlich nicht in Betlehem aufge-
kommen ist, wo es doch naheliegend gewesen wäre. Diese
Frage ist durchaus berechtigt, denn im Heiligen Land sind tatsächlich manche christlichen Feste entstanden, weil die örtli-
chen Gegebenheiten dies mit sich brachten. So dürfte etwa das

entfaltete gottesdienstliche Gedächtnis der letzten Tage im Leben Jesu in Jerusalem an den entsprechenden Tagen und Orten zur Entstehung und Entfaltung der Karwoche aus der ursprünglich einzigen, alle Motive umfassenden Osterfeier im 4. Jahrhundert beigetragen haben. Ähnliches gilt auch hinsichtlich der Geburt und der frühen Kindheitsereignisse Jesu. Von »historischer Thematisierung« spricht man in diesem Zusammenhang, und sie betrifft tatsächlich auch das Weihnachtsfest und seine Feier, auch wenn dieses eben nicht »vor Ort« in Betlehem, sondern in Rom entstanden ist. Doch es sollte nicht lange dauern, bis auch Betlehem entscheidende Impulse zur Festgestaltung gab.

Passend zu Ort und Zeit

So wissen wir, dass man schon Ende des 4. Jahrhunderts auch in Jerusalem das Geburtsfest Jesu feierte, allerdings, wie es im Osten zunächst üblich war, am 6. Januar. Und wie es auch in den Feiern der Kartage geschah, versuchte man, dies an Ort und Stelle und zur passenden Zeit zu tun. So versammelte man sich am Abend des 5. Januar auf den Hirtenfeldern östlich von Betlehem und feierte einen Wortgottesdienst, in dem das Evangelium von der Verkündigung der Engel an die Hirten im Mittelpunkt stand. Anschließend folgte eine Vigil in der Geburtskirche, in der das Evangelium vom Kommen der Magier gelesen wurde, und schließlich die Eucharistiefeier. Noch in derselben Nacht zog man dann wieder zurück nach Jerusalem.

Den Bau dieser Geburtskirche hatte Kaiser Konstantin begonnen. Sie ist über der Stelle errichtet, die als Ort der Geburt schon länger überliefert wurde: eine Höhle, von der es in der felsigen Landschaft des jüdischen Berglandes südlich von Jerusalem zahlreiche gab und die schon in neutestamentlicher Zeit von den Hirten gern als Unterkunft für das Vieh genutzt wurden. In dieser Geburtshöhle verehrte man eine Krippe – vielleicht einen zunächst mit Lehm ausgeformten Felstrog, der im 4. Jahrhundert durch eine silberne Krippe ersetzt wurde.

Betlehem als Vorbild

Das Vorbild Jerusalems in liturgischen Dingen war groß – nicht zuletzt der vielen Pilger wegen, die nach der durch Kaiser Konstantin herbeigeführten Freiheit der Kirche die Stätten des Glaubens eifrig besuchten und zur Verbreitung der dortigen Feierformen beitrugen. Auch in Rom wurde der nächtliche Weihnachtsgottesdienst nach dem Vorbild Jerusalems üblich; allerdings feierte man ihn hier in der Nacht vom 24. auf den 25. Dezember. Und wie die Jerusalemer Gemeinde nach Betlehem ging, so zogen in Rom der Papst und die Gemeinde zu der umgebauten Liberius Basilika, die inzwischen den Namen der Gottesmutter trug. In der Krypta dieser Kirche wurde eine Nachbildung der Geburtsgrotte aufbewahrt. Für Rom war also die Geburtshöhle in Santa Maria Maggiore (oder »Maria ad praesepe«, wie man wegen der Krippe – lat. praesepe – auch sagte). Der dortige nächtliche Gottesdienst, bei dem man gleichsam passend zu Zeit und Ort aus dem Lukasevangelium las, wo von der Verkündigung an die Hirten und deren nächtlichem Gang zur Krippe berichtet wird, ist bereits für das 6. Jahrhundert belegt. Noch in der Nacht zog man zurück zur Peterskirche, wo am Vormittag des 25. Dezembers die eigentliche und ursprüngliche Festmesse gefeiert wurde. Die mitternächtliche Feier stellt den Ursprung unserer heutigen »Christmette« dar, und so leuchtet Betlehem also auch noch bis in unsere heutige Zeit hinein.

Eine schwarze Höhle wölbt sich über Maria und dem Kind. –
Miniatur aus einer Prüfeninger Handschrift des 12. Jh.

Die Erde bietet eine Höhle dar

Allerdings ist uns dabei ein nicht unwesentliches Detail ver-
rutscht: der Hinweis auf die Höhle. Westliche Überlieferung
hat daraus einen Stall gemacht, und die Fertigung eines solchen Stalles beschäftigt noch immer zahllose Künstler und
Bastler alljährlich vor Weihnachten. Doch von einem Stall ist
weder bei Lukas noch in den frühen Texten der Geburtsfeier
die Rede. Vielmehr wird von antiken Autoren immer wieder
die Höhle oder Grotte genannt, in welcher das göttliche Kind
geboren wurde. Im Gegensatz zu den westlichen Dichtern und
Künstlern hat sich bei den östlichen das Wissen um die Höhle
erhalten. Und das hatte nicht nur historische, sondern, mehr
noch, theologische Gründe. Während der Stall eigentlich

nur Inbegriff des Unbehausten und Kümmerlichen ist, stellt die Höhle ein Glaubens-Zeichen dar, das über Gott, seine Menschwerdung, aber auch über den Menschen viel sagt. Die Höhle steht für den inneren Raum der Erde, aber auch im Menschen, in dem und aus dem heraus der Gottessohn geboren wird. Sie ist ein urtümlicher Ort, der die Erde als Mutter repräsentiert. Und zugleich Maria, denn das Kind kommt ja aus ihrer Leibeshöhle. So repräsentiert Maria zugleich die Erde, die reine Schöpfung, aus der heraus Gott Mensch wird.

Im 6. Jahrhundert hat der griechische Diakon und Hymnendichter Romanos, den man den Meloden, d. h. Sänger, nannte, einen 24-strophigen Hymnus (Kontakion) auf die Geburt des Gottessohnes geschrieben, in dem er auch immer wieder die Höhle benennt.

»Die Jungfrau gebiert heute den über alle Wesen Erhabenen, und die Erde bietet eine Höhle dem Unnahbaren.«

Der Legende nach habe Maria selbst ihm diesen Text an einem Vorabend von Weihnachten gegeben; am nächsten Tag sei er auf das Sängerpodest gestiegen und hätte in nie zuvor vernommener Schönheit und Feierlichkeit dieses Weihnachtskontakion gesungen. Bis heute gehört es zur östlichen Weihnachtsliturgie.

Nur im Paradoxon auszudrücken

»Ein kleines Kind – der ewige Gott«: So lautet der immer wiederkehrende Refrain der Strophen dieses Weihnachtskontakions. Ein Glaubensbekenntnis und auch ein Paradoxon: Das hilflose Geschöpf in der Krippe ist zugleich der mächtige Gott, der die Welt von Anfang an trägt und erhält. Widersprüchlich erscheint dies, ja widersinnig, rätselhaft und paradox. Mit einem Paradoxon eröffnet Romanos seinen Hymnus: »Die Jungfrau gebiert.« Und schauen wir auf seinen Text weiter, wird man noch andere Paradoxa entdecken: Der über allem Sein ist – heute wird er ins Dasein gebracht, geboren. Und der Unfassbare, Unzugängliche wird von einer Höhle umfasst… Auch andere byzantinische Dichter greifen immer wieder zu diesem Stilmittel, um das letztlich nicht Erklärliche, alle Vorstellungskraft sprengende Mysterium der Menschwerdung Gottes – aber auch seines Leidens und seiner Auferstehung – auszudrücken:

> »Heute wird geboren von einer Jungfrau, der mit seiner Hand die ganze Schöpfung hält; wie ein Knäblein in Windeln wird gewickelt der seiner Natur nach unberührbare Gott; in eine Krippe wird gelegt, der da im Anfang durch sein Wort die Himmel festigte; mit Milch wird getränkt, der in der Wüste den Menschen einst Manna regnen ließ …«

Dieses Stilmittel des Paradoxons hat sich, vor allem über die Kirchenväter, auch dem Westen vermittelt, und in manchen Texten finden wir heute noch einen Anklang daran. Eine lateinische *Cantio* mit dem Titel »Dies est laetitiae«, die schon in Handschriften des 14. Jahrhunderts aus dem Zisterzienserinnenkloster Medingen bei Lüneburg belegt ist, greift viele Bilder auf, die auch die östlichen Dichter verwenden. Neun Strophen hat das Lied zumeist in den lateinischen Fassungen (manche Ausgaben haben nicht alle bewahrt), und in einigen dieser Strophen wird dem unbegreiflichen Kind nachgespürt:

Im Dunkel wird geboren / der Erleuchter der Sonne; / in einen Stall wird gelegt / der Fürst der Erde. / Mit der Rechten wird gewickelt, / der die Gestirne befestigte, / als er die Himmel ausgebreitet hat. / Es wimmert und schreit, / der in den Wolken donnert, / wenn der Blitz herniederfährt.

Das Lied war trotz der lateinischen Fassung volkstümlich und weit verbreitet. Es wurde jedoch auch schon bald ins Deutsche übersetzt und fand als »Der Tag, der ist so freudenreich« in vielen Gesangbücher Aufnahme. Maria Luise Thurmair hatte das Lied 1969 für das katholische Gesangbuch »Gotteslob« in Teilen neu übersetzt. In ihrer dreistrophigen Liedfassung hat sie das Paradoxon bewahrt:

(2) Staunen die Natur befällt,
denn vom Geist empfangen
ist Gott Sohn in diese Welt
leibhaft eingegangen.
Eine Jungfrau den gebar,
der ihr eigner Schöpfer war,
Gott vor allen Zeiten.
Und das Kindlein, das sie stillt,
hat mit seinem Glanz erfüllt
alle Ewigkeiten.

Das Staunenswerte erzählen

»Staunen die Natur befällt«: Das zeigt noch einen anderen Hintergrund für die Verwendung dieses Stilmittels. »Wer erzählt, will zumeist dem Hörer oder Leser nicht das mitteilen, was er schon weiß, und will im Allgemeinen auch Überraschen und Staunen bei seinem Publikum hervorrufen. Insofern ist die Mitteilung überraschender, seltsamer Tatsachen in der Absicht des Erzählens angelegt« (Heinrich Kraft). Das Besondere, Staunenswerte aus dieser über die Jahrhunderte allzubekannten Geschichte der Menschwerdung Gottes hervorzuholen und sie den Hörern und Sängern zu präsentieren, war immer wieder, bis heute, ein Beweggrund für die Dichter der weihnachtlichen Gesänge: Nikolaus Herman hat im 16. Jahrhundert den paradoxen Rollentausch beschrieben: »Er wird ein Knecht und ich ein Herr: Das mag ein Wechsel sein«; Paul Gerhardt drückte damit die Bedeutung der Geburt Jesu für die einzelne Seele aus: »Da ich noch nicht geboren war, / da bist du mir geboren…« Gerhard Tersteegen zeigte im 18. Jahrhundert, wie die Menschwerdung Christi Gegensätze vereint: »Gott und der Sünder, die sollen zu Freunden nun werden« (»Jauchzet ihr Himmel«). Und in heutiger Zeit ist es vor allem Wilhelm Willms, der mit überraschenden Formulierungen (»Wenn das Rote Meer grüne Welle hat«) auch dem weihnachtlichen Geschehen besondere und paradoxe Aspekte abgewinnen kann – wie etwa in seinem »Wiegenlied«:

unser herz ist die wiege im kalten stall
im weltenall
schwerwiegend bist du
der uns trägt

die wiege im all ist ein armer stall
darin sich der größte gebettet
in menschenleib-windeln
hat er uns als kleinster errettet
so kehrt er alle maßstäbe um
er ist im herabsteigen groß
er lässt die letzten als erste kommen
und zeigt sich nackt und bloß.

Das Paradoxon ist vielleicht die angemessene Art, von dem eigentlich Unbegreiflichen zu sprechen, das Mysterium zu erhellen, die Quadratur des Kreises zu versuchen. Gesänge wie das Weihnachtsakontakion des Romanos bringen auf ihre Weise zum Ausdruck, was Gerhard Tersteegen in die lapidaren Worte fasste: »Gott ist im Fleische: Wer kann dies Geheimnis verstehen?«

Transeamus usque Betlehem
Joseph Ignaz Schnabel (1767–1831)

Transeamus usque Betlehem
et videamus hoc verbum quod factum est.
Mariam et Joseph et infantem positum in praesepio.
Transeamus, audiamus multitudinem
militiae coelestis laudantium Deum.
Mariam et Joseph et infantem
positum in praesepio.

Chor
Gloria, Gloria in excelsis Deo.
Gloria, Gloria et in terra pax hominibus
bonae voluntatis, et in terra pax.
Transeamus et videamus quod factum est.

Lasst uns nach Betlehem gehen
und sehen dieses Wort, das (Mensch) geworden ist.
Maria und Josef und das Kind, in eine Krippe gelegt.
Lasst uns gehen, zuhören der Menge der himmlischen
Heerscharen,
die Gott loben.
Maria und Josef und das Kind, in eine Krippe gelegt.

Chor
Ehre, Ehre (sei) Gott in der Höhe.
Ehre und auf Erden Friede den Menschen guten Willens,
und auf Erden Friede.
Lasst uns gehen und sehen, was geschehen ist.

Weihnachten in Bewegung

Mit dem nächtlichen Gottesdienst in Santa Maria Maggiore und der älteren, ursprünglichen Feier am Vormittag des 25. Dezembers in St. Peter waren es schon zwei Weihnachtsmessen, in denen die Geburt Jesu gefeiert wurde. Und es sollten noch mehr werden: Auf dem Weg zurück nach St. Peter machte der Papst nämlich in einer Kirche Halt, die den Titel Anastasia trug und wohl nach der Schwester des Kaisers Konstantin benannt war. Nun genoss damals bei den Griechen die Märtyrin Anastasia von Sirmium ein hohes Ansehen, und ihr Kult wurde auch bald, als die Byzantiner Italien im 6. Jahrhundert erobert hatten und in Rom residierten, von der griechischen Kolonie dort übernommen. Hier bot sich nun die Anastasia-Kirche als Gedenkstätte für die Märtyrin an, deren Gedächtnis die Griechen am 25. Dezember begingen. Und wohl aus Reverenz gegenüber den byzantinischen Statthaltern feierte der Papst im 6. Jahrhundert auf dem Weg zurück nach St. Peter auch irgendwann erstmals eine Messe dort. Die Texte, die uns von diesem Gottesdienst überliefert sind, thematisieren allerdings weniger die Märtyrin als das weihnachtliche Geschehen, und so entstand im wahrsten Sinne *en passant* der dritte Weihnachtsgottesdienst. Der Brauch dieser drei Weihnachtsmessen verbreitete sich über die liturgischen Bücher auch andernorts, und im 12. Jahrhundert erfahren wir, dass jeder Priester an Weihnachten diese drei Messen zelebrieren darf, was bis heute gilt.

Drei Messen hintereinander

Die Feier aller drei Weihnachtsmessen – in der Nacht (wegen des Evangeliums auch »Engelamt« genannt), am Morgen (»Hirtenamt«) und am Tag (als »Hochamt« bezeichnet) – waren nicht nur für den Priester möglich, auch die Gläubigen nahmen zahlreich an ihnen teil. Eine zeitliche Fixierung hatten sie trotz der ihnen beigegebenen Namen nicht, und so wurden sie nicht selten einfach hintereinander gefeiert, wobei die erste Messe (Engelamt) am frühen Morgen begann und sich die anderen einfach anschlossen. Dieser nicht unbedingt gute liturgische Brauch ist sogar literarisch geworden; der französische Schriftsteller Alphonse Daudet beschrieb ihn in der Erzählung »Die drei stillen Messen« seines Buches »Briefe aus meiner Mühle«: Weil der zelebrierende Schlosskaplan bereits an das opulente Essen im Anschluss an die Gottesdienste denkt und ihm dabei das Wasser im Munde zusammenläuft, liest er immer rascher die liturgischen Texte, überspringt ganze Passagen, sodass die dritte der drei Messen nur noch ein Torso ist; vom Festmahl hat er jedoch nicht viel, weil ihn nach dem opulenten Genuss der Schlag trifft...

Texte mit unterschiedlichem Hintergrund

An den Texten dieser drei Gottesdienste lässt sich auch gut ablesen, dass sie nicht nur zu unterschiedlicher Zeit, sondern auch vor verschiedenem theologischen und kulturellen Hintergrund entstanden sind. Wir sind es zwar gewohnt, die Schilderung der Geburt Jesu vom Evangelisten Lukas (vor allem in der Luther-Fassung: »Es begab sich aber zu der Zeit, dass ein Gebot von Kaiser Augustus ausging...«) – als *das* Weihnachtsevangelium anzusehen. Doch das älteste und ursprüngliche Evangelium der Weihnachtsfeier ist der sogenannte Johannesprolog, also der Beginn des Johannesevangeliums, der in der »Messe am Tag« verkündet wird: »Im Anfang war das Wort...«

Dieser Text ist sehr theologisch und nicht gleich auf das erste Hören hin zu verstehen. Er spricht zwar irgendwie von Weihnachten, jedoch ohne dass die Geburt Jesu ausdrücklich genannt wird. Verschiedene Wendungen verweisen aber auf dieses Geschehen wie: »Und das Wort ist Fleisch geworden und hat unter uns gewohnt.« An manchen Stellen klingt auch Vertrautes aus der anderen Weihnachtserzählung des Lukas an: »Er kam in sein Eigentum, aber die Seinen nahmen ihn nicht auf.« Das erinnert an die vergebliche Herbergssuche von Maria und Josef. – »Das wahre Licht kam in die Welt.« Von großem Lichtglanz berichtet ebenfalls Lukas, als die Engel den Hirten erschienen und ihnen die Frohbotschaft von der Geburt Jesu brachten – ein Abglanz der Herrlichkeit Gottes und ein Verweis schon auf den, der von sich später sagen wird: »Ich bin das Licht der Welt.« Aber letztlich spricht dieser Evangelienabschnitt auch von mehr als der Geburt des Gottessohnes und will einen Theologieentwurf bieten.

Die Wahl und Verwendung dieses Textabschnittes als Evangelium eines Weihnachtsgottesdienstes ist bezeichnend für eine Zeit, die noch nicht so sehr an den historischen Abläufen dieses Geburtsgeschehens interessiert war als vielmehr an dessen theologischer Bedeutung. Das Aufkommen der beiden anderen Weihnachtsmessen in der Nacht und am frühen Morgen liegt dagegen auch im Interesse an den historischen Gegebenheiten begründet; dies kommt in den jeweiligen Schriftlesungen aus dem Lukasevangelium zum Ausdruck.

Der Gang zur Kirche

Beim Volk genossen diese drei Weihnachtsmessen eine große Beliebtheit, auch wenn ihre Mitfeier anstrengend war. Kaum vorstellbar für unsere Zeit erscheint es, dass mancherorts die familiäre Feier erst nach dem dritten Gottesdienst am Morgen stattfand, wie es noch für das frühe 20. Jahrhundert beschrieben wird: »Weihnachten feierten wir bis zu meiner Vermählung immer am 1. Weihnachtsfeiertag. Morgens ging es in die Uchte (= Christmette) um 5 Uhr. Aus der Kirche gekommen, nachdem drei Messen angehört waren, ging Vater sofort ins

Zimmer und zündete die Kerzen an ...« Trotz oder gerade wegen der Anstrengung wird solch eine Weihnachtsfeier im Nachhinein oft verklärt.

Auch der beschwerliche nächtliche Gang zur Kirche wird in den Erinnerungen immer wieder als erlebnisreicher Auftakt der weihnachtlichen Feierlichkeiten genannt. Das hat nicht nur nostalgische Gründe: Viele Jahrhunderte hindurch war die Christmette der einzige nächtliche Gottesdienst im Jahr. Es gab keine Abend- oder gar Vorabendmessen, selbst die Osternachtfeier war auf den Vormittag des Karsamstags gerutscht und wurde bei Tageslicht gefeiert. So war also das Erleben eines nächtlichen Kirchgangs, noch dazu bei Kälte und Schnee, einzig dem Weihnachtsfest vorbehalten. Die adventlichen Roratemessen, die wegen ihrer Feierlichkeit länger dauerten als gewöhnliche Messen und deshalb meist am sehr frühen Morgen nur beim Schein der mitgebrachten Kerzen und Laternen gefeiert wurden, gaben bereits eine Ahnung und ein Vorgefühl dieses besonderen weihnachtlichen Erlebnisses, das auch im Lied besungen wurde: »Wenn ich mit meiner Christlatern früh in die Metten geh, / da steht ein kleiner Funkelstern am Himmel in der Höh ...«

Selbst wo die Christmette am frühen Morgen gefeiert wurde, bedurfte es ja eines entsprechend zeitigen Aufstehens, um den für viele oft kilometerlangen Gang zur Kirche anzutreten. Denn es hieß dort rechtzeitig anzukommen, um einen Platz in der übervollen Kirche zu erhalten. An Eintrittskarten, wie man es heute mancherorts überlegt, war früher nicht gedacht worden.

Weihnachten als Hindurchgang

Der Gang zur Kirche und zu den weihnachtlichen Gottesdiensten ist jedoch nicht nur eine Notwendigkeit, er hat – gerade vor dem Hintergrund der Christgeburt – auch zeichenhafte Bedeutung. Dies kommt zum Ausdruck in einem schlesischen Weihnachtslied, das der Breslauer Domkapellmeister Joseph Ignaz Schnabel Anfang des 19. Jahrhunderts geschrieben und vertont hatte: »Transeamus usque ad Betlehem.« Es ist – aus der Sicht der Hirten, aber auch auf uns heute bezogen – die Aufforderung, nach Betlehem zu gehen und das Kind anzubeten. Interessanterweise werden in dem knappen Text die Evangelien aller drei Weihnachtsmessen verwoben: Der Chor der Engel aus dem Evangelium der nächtlichen Messe wird ebenso genannt wie Maria und Josef, die von den Hirten gefunden werden, wie es in der Messe am Morgen verkündet wird. Und auch das johanneische »Wort, das Fleisch geworden ist« aus der Messe am Tag findet Erwähnung. Über das Lied und seine Bedeutung hat sich Rüdiger Hinz Gedanken gemacht:

»›Transeamus‹ – was heißt das? Dieses Wort sagt zunächst etwas davon aus, dass wir unterwegs sind. Und es sagt uns außerdem, dass dieses Unterwegssein etwas anderes ist als eine gewöhnliche Reise. Wir sind immer unterwegs. Wer meint, schon am Ziel zu sein, der irrt. Denn zwischen Betlehem und der Welt, in welcher wir leben und aus welcher wir kommen, besteht eine Kluft. Wer dorthin unterwegs sein will, muss sich frei machen von den vielen oft sehr oberflächlichen Dingen, die wir – leider besonders zu Weihnachten – für wichtig halten. Das Wort ›trans‹ bedeutet ›hinüber‹. Es ist nicht einfach, diesen Weg hinüber zu leisten.

Weihnachten vermag nur der richtig zu feiern, der noch weiß und daraus lebt, dass er ›hindurch‹ muss zu dem Eigentlichen. Diese Erkenntnis ist wichtiger als die schöne Erinnerung an bestimmte Lieder – oder an bestimmte Speisekarten. Nur der kann Weihnachten richtig feiern, der sich von allem Überflüssigen frei gemacht hat. Dieser Läuterungsprozess kann ein ganzes Leben dauern. Der Apostel Paulus schreibt im

Philipperbrief, Gottes Sohn habe sich ›entäußert‹ (im Griechischen eigentlich: sich leer gemacht) von seiner Göttlichkeit, um uns gleich zu werden.

Der Gang zur Krippe des Kindes von Betlehem ist dabei Ziel und Durchgangsstation zugleich. Denn unser Unterwegssein endet nicht in der Feier der Weihnachtsnacht. Der menschgewordene Christus gibt uns die Kraft, immer weiter zu gehen. Wir sollten keine Angst haben zu bekennen, dass die Zeiten der großen Not und Entbehrung ohne diese Bindung an den Herrn wohl kaum getragen werden konnten. Seine Armut konnte (oder könnte?) zu unserem Reichtum werden...

›Und das Wort ist Fleisch geworden‹, schreibt der Apostel Johannes im so genannten Prolog seines Evangeliums. Nur von diesem Geheimnis her ist zu verstehen, was Weihnachten uns allen sagen will. ›Transeamus‹ – das Wort fordert nicht wenig! Es fordert uns ganz. Ohne Abstriche und Kompromisse! Zwar sagt diese Forderung auch etwas vom Wagnis des Glaubens aus; sie weist aber trotz allem Widrigen auf das Ziel hin. Und es lohnt sich, auf dieses Ziel hin Tag für Tag das Leben zu wagen, Christus entgegen!«

Sei uns willkommen, Herre Christ
Sys willekomen (11./14. Jh.)

1. Sys willekomen, heirre kerst,
want du onser alre heirre bis,
sys willekomen, lieve heirre
her in ertreiche also schone:
Kirieleys.

2. Nun ist gott geborn, unser aller trost,
der die höllsche Pforten mit seinem kreutz aufstoes.
Die Mutter hat geheischen maria,
wie in allen kersten-bucheren geschrieben steht.
Kirieleys.
(Erfurter Handschrift um 1394)

1. Sei uns willkommen, Herre Christ,
der du unser aller Herre bist.
Sei willkommen, lieber Herre,
hier auf der Erde recht mit Ehren.
Kyrieleis.

2. Gott ist geboren, unser Trost,
der hat durch sein Kreuz die Welt erlöst.
Sei willkommen, lieber Herre,
hier auf der Erde recht mit Ehren.
Kyrieleis.
(Katholisches Gesangbuch Gotteslob 1975)

Das erste deutsche Weihnachtslied

Von wem das älteste Weihnachtslied stammt, lässt sich, wie schon an anderer Stelle gesagt wurde, nicht leicht ausmachen. Zum einen wissen wir letztlich nicht genau, wann das Weihnachtsfest erstmals gefeiert wurde, zum anderen mögen vielleicht auch manche Texte und Lieder, die man eigens dazu schrieb, verloren gegangen sein. So bleibt uns als ältestes noch gesungenes Lied das des Bischofs Ambrosius aus dem 4. Jahrhundert. Ähnlich ist es hinsichtlich der Frage nach dem ältesten *deutschen* Weihnachtslied. Zwar war der lateinische Gesang in der Liturgie lange Zeit maßgebend, doch wurden gerade auch die weihnachtlichen lateinischen Hymnen in die Volkssprache übersetzt, wie es etwa die Lieder des Heinrich von Laufenberg bezeugen, der in der ersten Hälfte des 15. Jahrhunderts das »A solis ortus cardine« (»Verr von der sunne vfegang«) und andere weihnachtliche Hymnen übertrug.

Weiter zurück gelangt man mit Liedern, die deutsche und lateinische Worte wechseln; bekanntestes Beispiel solcher Mischpoesie im Umfeld des Weihnachtsfestes ist das »In dulci iubilo, nun singet und seid froh«. Es hat im Laufe der Zeit mehrere Umgestaltungen erfahren, aber die frühesten Belege in lateinischer und niederdeutscher Sprache stammen aus dem Zisterzienserinnenkloster Medingen bei Lüneburg und reichen bis 1335 zurück. Von dort haben wir auch die erste Strophe des später von Martin Luther erweiterten Liedes »Gelobet seist du, Jesu Christ« – ebenfalls aus dem 14. Jahrhundert.

Das nachweisbar älteste deutsche Weihnachtslied ist noch weit früher belegt; es reicht – zumindest in Fragmenten – bis in das 11. Jahrhundert zurück: »Sei uns willkommen, Herre Christ.« Aus dem späten 14. Jahrhundert stammt die vollständige Melodie dieses Liedes, das auch noch in heutigen Gesangbüchern aufgeführt wird.

Nächtliche Versammlung der Gerichtsschöffen

Eine alte Handschrift aus Aachen gibt zu dem Lied folgende Erklärung: In der Christnacht versammelten sich eben dort in Aachen die Herren Scheffen auf ihrer Gerichtsstube, gingen dann in die Münsterkirche, wo sie die Chorstühle auf der rechten Seite einnahmen. Nach dem Evangelium stimmte der Scheffenmeister folgendes altes Lied an, welches vom Chor fortgesungen wurde: »Sei uns willkommen, Herre Christ.«

Das Amt der Scheffen (Schöffen), unter Karl dem Großen eingeführt, diente der öffentlichen Rechtsprechung. Es war eine große Ehre, zu diesem Amt gewählt zu werden. Zumeist waren es in den Städten hochangesehene Bürger, Kaufleute oder Handwerker, die dieses Amt zusammen mit ihrem Scheffenmeister bekleideten und die Ordnung und das Recht einer Gemeinde repräsentierten. Ihre Bedeutung wird auch aus der genannten Notiz deutlich, dass sie im Chorgestühl ihren Platz hatten, von wo aus der Scheffenmeister den Gesang des »Sei uns willkommen, Herre Christ« anstimmte.

Warum sich die Scheffen am Abend vor dem Weihnachtstag versammelten (was heute wohl unvorstellbar wäre), hängt mit dessen Stellung im damaligen Jahr zusammen. Mit dem Weihnachtsfest begann damals und noch lange Zeit danach das neue Jahr; er war also für das Geschäftsleben wie auch für die meisten Rechtsgeschäfte ein wichtiger Stichtag, an dem auch die Ämter wechselten. In Köln etwa traten an Weihnachten die von den Zünften gewählten Ratsherren zu einer ihrer wichtigsten Jahressitzungen zusammen; es galt nämlich, die »Gebrechsherren« zu wählen, diejenigen also, an denen es zur vorgesehenen Gesamtzahl der Ratsherren noch gebrach. Mit dieser Sitzung war ein Gottesdienst und anschließender Schmaus im Zunfthaus verbunden. Wir können also aus solchen Notizen immerhin ablesen, dass die Feier des Weihnachtsfestes im hohen und späten Mittelalter noch keinesfalls

Vorrang vor anderen gesellschaftlichen Ereignissen hatte, wie dies heute der Fall ist, und dass auch noch nicht die Familien die wichtigsten Träger des weihnachtlichen Brauches waren.

Spiegel stadtbürgerlicher Würde

Das Lied drückt in seinen Worten und seiner Melodie – aber auch in der Beschreibung seiner Gestaltung – eine gewisse Gravität aus; es ist fern aller spielerischen Leichtigkeit, die ja auch in mittelalterlichen Weihnachtsliedern wie »In dulci iubilo« gegeben war; es vermittelt die Würde, mit der die Würdenträger das göttliche Geburtsgeschehen ausdrückten und den Herrn gewissermaßen unter ihresgleichen empfingen: »Im klaren Pathos eines stadtbürgerlichen Gemeindegesanges erklangen diese Worte vom Wunder der Gottesgeburt, unabgenutzt und mit der Naivität eines noch verhältnismäßig neuen Gefühls wunderbaren geistlichen Geborgenseins« (Ingeborg Weber-Kellermann). Auf diesen Hintergrund eines selbstbewussten Stadtbürgertums verweist auch das zweimalige Willkommenheißen des Herren Christ. Keine bloße Begrüßungsfloskel – hinter dem »Willkomm« stand im Mittelalter ein repräsentatives Willkommenszeremoniell, das im Adel, aber auch von den Kaufleuten und Handwerkern geübt wurde. Oft war es auch mit der Darreichung eines Getränks in einem besonderen Trinkgefäß verbunden, der die Bezeichnung »Willkomm« trug.

In wenigen Strichen wird in diesem Lied ein Bild Christi gezeichnet, das noch von keinerlei Sentimentalität beeinflusst ist. Auch die alten dogmatischen Auseinandersetzungen spielen keine Rolle mehr; die Bedeutung des Neugeborenen ist unumstritten: Es ist der Herr, der über allen Herren ist; dreimal wird er als »Herr« angesprochen. Wenn man das Kyrieleis, mit dem die beiden Strophen schließen, noch hinzuzählt, wird fünfmal der »Herr«, der »kyrios«, genannt. Solche Lieder, die in ein griechisches »Kyrie eleis(on)« münden, nennt man »Leisen«. Unsere ältesten gottesdienstlichen Lieder in deutscher Sprache gehören zu ihnen wie etwa das »Gelobet seist du, Jesu Christ« oder das »Christ ist erstanden«. Diese Lieder waren kleine Inseln volkssprachlichen Gesangs innerhalb der lateinischen Liturgie.

Ganzheitliche Erlösungsschau

Die Macht dieses Herren Christ besteht darin, dass er die Höllenpforte mit seinem Kreuz aufgestoßen hat. Bezüglich der Geburt wird wenig gesagt, immerhin wird sie erwähnt und auch die Mutter Maria. Kein sehr weihnachtlicher Inhalt also, wie wir ihn heute gewohnt sind. Auch wenn die 2. Strophe inzwischen umgedichtet wurde, wird das Lied doch wohl wegen seines herben Textes und seiner kirchentonalen Melodie, die für heutige Ohren eher nach »Moll« klingt, als unweihnachtlich empfunden und selten gesungen.

Auch das Bild Christi, der die Höllenpforten aufstößt, ist uns heute nicht mehr sehr geläufig. Allenfalls die ostkirchlichen Ikonen vermitteln es noch. Es geht zurück auf eine Stelle des apokryphen Nikodemus-Evangeliums, die das »Hinabgestiegen in das Reich des Todes« in einen Kampf um die Pforte der Hölle mit Zitaten aus dem Psalm 24 ausmalt (»Hebt euch, ihr Tore, es kommt der König der Herrlichkeit. – Wer ist der König der Herrlichkeit?«). Diese Stelle hat auch den alten Ritus beeinflusst, der im Mittelalter mit der Osterliturgie verbunden war: die »Tollite-Portas«-Szene, bei der mit dem Kreuz vor Beginn der Ostermette an die Kirchentür geklopft und der Einzug Jesu in die Unterwelt zur Erlösung der Toten dramatisierend ausgestaltet wurde. Möglicherweise war dieser liturgische Brauch zur Zeit der Entstehung dieses Liedes bekannt und wurde geübt.

Der Dichter Philipp von Zeesen, der im 17. Jahrhundert lebte, verwendete eben dieses Bild wie auch den Willkommensgruß in einem »Weyhnacht-Lied«:

Sey uns willkommen du himmlisches Kind /
So Friedlich gesinnt!
Öffnet die Thore / der Hertzog kömmt an /
Erweitert die Bahn;
Der König der Ehren
Der lässet sich hören /
O heiliges Licht!
Hertzog / du Hertze des Friedens willkommen /
Friede wird heute verkündigt den Frommen
Und zeiget sein güldnes Gesicht /
O heiliges Licht!

Dennoch bleibt es für uns vielleicht verwunderlich, dass mehr Österliches als Weihnachtliches in diesem ältesten deutschen Weihnachtslied begegnet; immerhin bezeugt es eine damals noch ganzheitliche Schau der Erlösungsgeheimnisse: dass auch das Weihnachtsfest allein von der Auferstehung Christi her seine Bedeutung erfährt.

Joseph, lieber Joseph mein
(Jospeh, lieber Neve min)

1. Joseph, lieber Joseph mein,
hilf mir wiegen mein Kindelein!
Gott, der wird dein Lohner sein
im Himmelreich,
der Jungfrau Sohn Maria.

2. Gerne, liebe Muhme mein,
helf' ich dir wiegen dein Kindelein!
Gott, der wird mein Lohner sein
im Himmelreich,
der Jungfrau Kind, Maria.

3. Freu dich nun, du christlich Schar!
Gott, der Himmelskönig klar,
macht uns Menschen offenbar,
den uns gebar
die reine Magd Maria.

4. Alle Menschen sollen gar
ganz in Freuden kommen dar,
dass ein jeder recht erfahr',
den uns gebar
die reine Magd Maria.

5. Uns erschien Emmanuel,
wie uns verkündet Gabriel
und bezeugt Ezechiel:
Du Mensch ohn Fehl,
dich hat geborn Maria!

6. Ew'gen Vaters ew'ges Wort,
wahrer Gott, der Tugend Hort,

irdisch hier, im Himmel dort
der Seelen Pfort',
die uns gebar Maria.

7. Süßer Jesu, auserkor'n,
weißt wohl, dass wir war'n verlor'n:
Stille deines Vaters Zorn.
Dich hat gebor'n
die reine Magd Maria.

8. Himmlisch Kind, o großer Gott,
leidest in der Krippe Not.
Machst die Sünder frei vom Tod,
du englisch Brot,
das uns gebar Maria.

© SCHOTT MUSIC, Mainz – Germany

Anschaulich und greifbar

Greccio. Ein kleines Dorf in den Sabiner Bergen, nur 90 Kilometer von Rom entfernt – und doch so weit weg von diesem Zentrum des Glaubens und der Macht wie Betlehem von Jerusalem. Eigentlich ein belangloser Ort, nicht weiter erwähnenswert, aber er wird alljährlich lebendig und gegenwärtig in den zahllosen Waldweihnachtsfeiern, die vielerorts an Weihnachten und den Tagen und Wochen vorher stattfinden. Und auch in den »lebenden Krippen«, die auf Weihnachtsmärkten oder bei Kirchen einer zunehmend städtischen Gesellschaft Stall und Tiere im wahrsten Sinne des Worte begreifbar machen. »Waldweihnacht«: Allein das Wort weckt Assoziationen einer besonderen Atmosphäre und Erwartungen an einen Gang mit Fackeln durch den nächtlichen Wald, an Kälte, Schnee, Musik und Spiel, Heu und Stroh, Glühwein und anderes mehr.

Ihren Ursprung haben diese besonderen Ausdrucksformen einer Krippenromantik, ja letztlich sogar die Krippen selbst, in jener berühmten Weihnachtsfeier, die der heilige Franz von Assisi 1223 im Wald von Greccio gestaltete. Allerdings lag dem *poverello*, dem kleinen Armen, wie er genannt wurde, die Vermittlung einer rustikalen Idylle vollständig fern. Ihm ging es vielmehr darum, den Menschen, die zu seiner Zeit das Weihnachtsfest vor allem in den Gotteshäusern erlebten und das Kind im Stall als Gott von Gott besungen hörten, die tiefe Erniedrigung Gottes in ihre oft erbärmliche Lebenswirklichkeit hinein vor Augen zu führen: »Ich möchte nämlich das Gedächtnis an jenes Kind begehen, das in Betlehem geboren wurde, und ich möchte die bittere Not, die es schon als kleines Kind zu leiden hatte, wie es in eine Krippe gelegt, an der Ochs und Esel standen, und wie es auf Heu gebettet wurde, so greifbar als möglich mit leiblichen Augen schauen.«

Geburt und Tod

Und so wurde denn in jener Christnacht 1223 die Messe über der Krippe gefeiert, wie uns der erste Biograph des Heiligen, Thomas von Celano, berichtet: »Zu Ehren kommt da die Einfalt, die Armut wird erhöht, die Demut gepriesen, und aus Greccio wird gleichsam ein neues Betlehem.« Diese Form der Aktualisierung erinnert an die Eucharistie über den Gräbern der Märtyrer, wie sie in der Frühzeit der Kirche gefeiert wurde und auch heute noch durch die Reliquien im Altar angedeutet wird. Auf diese Weise wird die Aktualität der Hingabe Christi in den Heiligen herausgestellt; sie sind ihm in ihrem Leiden gleich geworden. Ähnlich die Hingabe Christi an uns und seine Erniedrigung bei seiner Geburt im Stall.

Geburt und Tod sind die beiden von Gott besonders berührten Pforten des Lebens. In ihnen ist der Mensch am hilflosesten, ganz und gar auf seinen Schöpfer verwiesen. Deswegen hielt Franz nicht nur den Gedanken an das Kreuz des Herrn hoch, sondern auch an seine Geburt: »Vor allem war es die Demut der Menschwerdung Jesu und die durch sein Leiden bewiesene Liebe, die seine Gedanken derart beschäftigten, dass er kaum an etwas« anderes denken wollte« (Thomas von Celano). Als er selbst zum Sterben kam, ließ Franz sich nackt wie bei seiner Geburt auf die Erde neben seiner geliebten Portiunkula-Kapelle legen, wo er verschied.

Geburt und Tod, Krippe und Kreuz: Das von Beginn an zum Tod verurteilte Leben des Menschen hat Jesus geteilt; immer wieder bringen Künstler das auch zum Ausdruck – etwa durch ein Kreuz, das irgendwo auf dem Bild angedeutet wird, oder durch die an Leichentücher gemahnenden Windeln, in die der Säugling auf den ostkirchlichen Ikonen gewickelt ist. »Geborn ist uns ein Kind aus Fleisch und Blut zum Tode, wie auch wir Menschen sind«, heißt es in einem Weihnachtslied des holländischen Theologen und Dichters Huub Oosterhuis von 1965 (»Woher bist du gekommen«).

Die Lebenswirklichkeit der Menschen
Greccio steht gewissermaßen am Anfang der Weihnachtskrippen – lebender wie auch figürlicher. Doch trotz aller Anschaulichkeit der Geburt Christi ging es Franz sicherlich zunächst um eine Idee, einen wesentlichen Aspekt dieser Geburt, der damals aus dem Blick zu geraten drohte. Krippe und Stall, das Stroh und die Tiere zeigten den Menschen damals – mehr als uns heute: Gott wurde wirklich einer von uns, begab sich hinein in eben das Leben, das die meisten damals führten – in Armut und Elend, in Not, mit Krankheit und dem allgegenwärtigen Tod. Im genannten Weihnachtslied von Huub Oosterhuis ist dies in die Worte gefasst: »Mit unsres Lebens Not hast du dein Glück verwoben, so bist du unser Gott.« Wollte man dies heute anschaulich machen, müsste man vielleicht die Ecke eines

schlecht ausgeleuchteten Parkhauses zeigen, wo zwischen der Restwärme abgestellter Autos, auf Parkas und speckigen Decken eine junge Frau niederkommt… An Umsetzungen dieser Vorstellung in bildlicher Art zumindest hat es nicht gefehlt.

In gewisser Weise ist die Krippe im Stall oder der Höhle von Betlehem so auch verwandt mit dem Brot, das den Gläubigen in der Eucharistie als Symbol der Gegenwart Christi gereicht wird. Brot ist Alltag, ist Grundnahrung, ist Inbegriff dessen, was unser tägliches Essen und Trinken ausmacht. Mit unsres Lebens Brot, so könnte man, Huub Oosterhuis abwandelnd, sagen, hat Christus sich verwoben, um unser Leben zu teilen. Es ist in diesem Zusammenhang sinnig, wenngleich auch nicht mehr, dass Betlehem übersetzt »Haus des Brotes« bedeutet…

Inkarnations-Frömmigkeit auch in der Eucharistie

Es kommt nicht von ungefähr, dass in diese Zeit auch das Aufkommen einer besonderen eucharistischen Frömmigkeit fällt, die sich auch in dem Zeigen des in den Leib Christi verwandelten Brotes der Messfeier äußert. Im Hochmittelalter begann der Priester, nach den Wandlungsworten die Hostie hoch über seinen Kopf zu heben (er stand ja mit dem Rücken zur Gemeinde), um den Gläubigen den Leib Christi zu zeigen. Dahinter ahnen wir den gleichen Wunsch nach Sichtbarmachung und Schauen des eigentlich Unschaubaren. Die Leib-Werdung (Inkarnation) an Weihnachten findet sich so auch in der Messfeier ausgeprägt – oder anders gesagt: »Die Gegenwart des Herrn in der Eucharistie wird … als Fortsetzung der Inkarnation gesehen; ihre Feier zeigt ›weihnachtliche Züge‹« (Angelus Häußling). Es ist in beiden Fällen eine sehr katholische, doch gleichzeitig sehr mittelalterliche Frömmigkeit, die hier zum Ausdruck kommt. Es ist sehr bezeichnend, dass die Orthodoxie weder das eine noch das andere besonders betont; ihre Frömmigkeit ist eher österlich geprägt.

Und noch etwas kommt hinzu: Die Zeige- und Schaufrömmigkeit verleiht der Eucharistiefeier ein statisches Moment – zum wesentlichen Augen-Blick im wahrsten Sinne des Wortes wird die Wandlung und die Elevation, also das Zeigen der konsekrierten Hostie (und später auch des Kelches). Ähnlich verleiht die Darstellung und Betonung der Krippe dem Gedanken der Menschwerdung Gottes, die ja auch auf einen dynamischen »transitus« bezogen ist, einen Hindurchgang vom Geborenwerden zum Sterben und Auferstehen in das ewige göttliche Leben, ein beharrendes Moment: Geschaut wird allein der Moment des Geborenwerdens, das Sich-Klein-Machen Gottes in die Gestalt des Kindes.

Vom Symbol zum Objekt

Es liegt in der Natur des Menschen, dass er Dinge und Zusammenhänge, die ihm begreiflich werden, festhalten möchte. So sind auch die Krippe und der Stall von Greccio nicht lange ein Symbol geblieben, das zum Nachdenken anregt, sondern selbst Objekt der Verehrung, Mittel religiöser Andacht und Praxis: Später wurde die Stelle, an der die Krippe gestanden hatte, so berichtet wieder Thomas von Celano, »dem Herrn als Tempel geweiht und zu Ehren des hochseligen Vaters Franziskus über der Krippe ein Altar errichtet und eine Kirche gebaut, damit dort, wo einst die Tiere Heu fraßen, in Zukunft die Menschen zum Heile der Seele und des Leibes das Fleisch unseres Herrn Jesus Christus, des Lammes ohne Fehl und Makel, genießen könnten…« Und auch das Heu, das in der Krippe gelegen war, »bewahrte man auf, damit der Herr, der sein heiliges Erbarmen gar mannigfach erzeigt, Pferde und andere Tiere dadurch heile. Und so geschah es in der Tat. Ja, auch Frauen, die unter schweren und lange dauernden Geburtswehen zu leiden hatten, ließen sich von dem Heu auflegen und konnten dann glücklich gebären. Auch erlangten eben dort herbeiströmende Pilger beiderlei Geschlechtes die ersehnte Heilung von verschiedenen Unglücksfällen.«

Doch so verliert die Krippe mit der Zeit auch die Bedeutung, ein Symbol unserer Wirklichkeit zu sein: Die Darstellungen einer knienden Maria, verehrender Hirten und heranziehender Könige wirkt historisierend, ist nicht mehr Ausdruck unseres Alltags, in den hinein sich Gott in seiner Menschwerdung begeben hat. Und auch hier gibt es Ähnlichkeiten mit dem Brot der Eucharistie: Was erinnert noch an das Brot, das die Gläubigen in den Anfängen der Christenheit zuhause gebacken und zur liturgischen Mahlfeier mitgebracht hatten? Die papierdünne Hostie ist unverkennbar religiöses Symbol, auch wenn Thomas von Aquin noch sang: »visus, tactus, gustus in te fallitur« – »Augen, Mund und Hände täuschen sich in dir« (»Adoro te devote«).

Das Brot, das uns Maria gebar

Seinen liedhaften Ausdruck fand diese neue Frömmigkeit auch in Gesängen, in denen an die Stelle einer dynamischen Schau der Erlösung unter dem Aspekt der Geburt Christi die Betrachtung des Kindes im Stroh steht. Mehr noch: Es ist über das Schauen auch sein Anfassen, Wiegen und Kosen. So wurde das »Kindelwiegen« zu einem typischen Brauch des Hoch- und Spätmittelalters, der vor allem von den Frauenklöstern ausging. »In einer kleinen Wiege vor dem Altar oder auf einer Tragekrippe … lag ein schön angeputztes Christkind, zumeist aus Wachs, das von Mitgliedern der Gemeinde oder auch von den umherziehenden Kindern unter Absingen entsprechender Lieder gewiegt werden durfte« (Ingeborg Weber-Kellermann). Aus dieser Zeit stammt das Lied »Joseph, lieber Joseph mein«, in dem bezeichnenderweise auch ein Hinweis auf die Eucharistie am Schluss nicht fehlt: Das himmlische Kind, das in der Krippe so große Not leidet, ist auch das »Brot der Engel« (»panis angelorum«), das Maria uns gebar. Beides gehört zusammen: Weihnachten lenkt den Blick auf den, der in jeder Eucharistiefeier »Leib« wird – und jede Messe aktualisiert die Herablassung Gottes zu uns, die wir an Weihnachten feiern.

In dulci iubilo
(14. Jh.)

In dulci iubilo,
nun singet und seid froh!
Unsers Herzens Wonne
leit *in præsepio*
und leuchtet als die Sonne
matris in gremio.
|: *Alpha es et O.* :|

2. *O Jesu parvule,*
nach dir ist mir so weh.
Tröst mir mein Gemüte,
o puer optime;
durch alle deine Güte,
o princeps gloriæ,
|: *trahe me post te.* :|

3. *Ubi sunt gaudia?*
Nirgend mehr denn da,
da die Engel singen
nova cantica
und die Schellen klingen
regis in curia.
|: Eia, wärn wir da! :|

4. *Mater et filia*
ist Jungfrau Maria;
wir wären gar verloren
per nostra crimina:
So hast du uns erworben
caelorum gaudia.
|: Maria, hilf uns da! :|

Ein Fest mit Zukunft

»Wisst ihr noch, wie es geschehen?«, beginnt ein Weihnachtslied, das Hermann Claudius 1939 geschrieben und zu dem
Christian Lahusen die Melodie geliefert hat. Ein typisches
Weihnachtslied, nicht nur, weil es die weihnachtlichen Ereignisse aus den Berichten der Evangelien zusammenfasst.
Typisch vielmehr, weil es von der Geburt des Gottessohnes
spricht als von einem längst zurückliegenden, gleichwohl
unvergesslichen Erlebnis: »Immer werden wir's erzählen, wie
das Wunder einst geschehen …«

Auch das gehört typischerweise zur Weihnacht: Es wird
erzählt und immer wieder in Erinnerung gerufen – »Uns wird
erzählt von Jesus Christ« heißt ein anderes neues Weihnachtslied. Und das betrifft nicht nur den Inhalt dieser Feier, sondern
auch deren Gestaltung. Wie an keinem anderen Fest wird an
Weihnachten erzählt, von früher zumeist, werden Erinnerungen ausgetauscht an ungewöhnliche, lustige, aber auch trau-
rige Ereignisse, die sich mit dem Fest verbinden. Vor allem der
Heilige Abend ist solch ein Zeitraum des Erzählens und
Zurückschauens: Die dämmrige Zeit, das Beisammensein und
die Erinnerungen an früher geben den Rahmen für das seltener gewordene Erzählen; hier werden Familientraditionen
verdichtet und fortgeführt. Auch die familiäre Feier selbst
richtet sich häufig danach, wie es früher war; dieselben Speisen
kommen auf den Tisch, die es bei den Eltern und den Großel-
tern schon gab, der Ablauf orientiert sich daran, wie man diese
Feier als Kind erlebt hat.

Das alles trägt auch mit dazu bei, dass Weihnachten in den
Medien, Bildern und Büchern häufig und gern nostalgisch dargestellt wird: Weihnachten, wie's einstens war … Wie es vielleicht *besser* war, klingt hier noch durch, und *ursprünglicher.*
Wie Weihnachten eigentlich ist: Das ist die Botschaft und

Sehnsucht, die sich dahinter verbirgt und die von der Werbung mit entsprechenden Bildern und Worten bedient wird.

Perspektivisches im Weihnachtsgeschehen

Das unterscheidet Weihnachten von Ostern – zumindest in unserem Erleben. Ostern hat weniger Nostalgisches an sich als vielmehr Perspektivisches. Ostern und Himmelfahrt erzählen nicht nur von der Zukunft Jesu Christi, sondern auch der Menschen, die an seiner Auferstehung Anteil erhalten. Ostern ist gewissermaßen nach vorne hin offen, während Weihnachten abgeschlossen erscheint. Es mag damit zusammenhängen, dass wir in den Evangelien Jesus vor allem als erwachsenen Mann vor uns sehen, seine Geburt und Kindheit in der Rückschau erscheinen. Aber ist das eigentlich mit der Bedeutung der Geburt Christi vereinbar? Beginnt nicht Ostern bereits mit Weihnachten, trägt nicht die Menschwerdung Gottes den Keim der Unsterblichkeit auch für den Menschen in sich? Gibt es nicht Feierelemente, Erzählungen, Lieder, die das für die Zukunft des Menschen Bedeutsame herausstellen?

Die gibt es durchaus, wir sind es vielleicht nur nicht gewohnt, darauf zu achten. Tatsächlich sind die Verheißungen, die mit der Geburt dieses Kindes erfüllt erscheinen, keineswegs abgeschlossen und nur auf die Menschen »in jener Zeit« und auf Betlehem und das Heilige Land bezogen. Wenn die Engel auf den Feldern verkünden, dass »heute der Retter geboren« wurde, so schließt dieses »heute« auch uns mit ein und alle, die nach uns kommen werden. Der Engel, der dem Josef im Traum erschien, trägt ihm auf, das Kind, das Maria erwartet, Jesus zu nennen, denn er wird sein Volk – und das sind auch wir – von seinen Sünden erlösen. Und der greise Simeon schaut durch den Horizont seiner eigenen Zeit, als er im Tempel zu Jerusalem den 40 Tage alten Säugling auf den Armen hält und in ihm nicht nur die Herrlichkeit für das Volk

Israel, sondern das Heil aller Völker erkennt. Mit der Menschwerdung wurde das ewige Wort Gottes unser aller Bruder; wir wurden dadurch zu seinen Geschwistern, zu Kindern Gottes und – ein Ausblick auf Zukünftiges! – Mit-Erben dessen, was Gott ihm zugesagt hat. Martin Luther hat diesen Gedanken, der auch im Prolog des Johannesevangeliums entfaltet wird, in seinem Weihnachtslied »Gelobet seist du, Jesu Christ« so ausgedrückt: »Der Sohn des Vaters, Gott von Art, / ein Gast in dieser Welt hie ward / und führt uns aus dem Jammertal, / macht uns zu Erben in sein'm Saal.«

Ein Fenster zur Ewigkeit

In besonderer Weise wird der Gedanke an die künftige Herrlichkeit, auf welche die Geburt Christi uns hoffen lässt, in dem Lied »In dulci iubilo« ausgedrückt. Es ist ein deutsch-lateinisches Mischlied, das in das 14. Jahrhundert zurückreicht und im Laufe der Zeit manche Erweiterung (auf vier Strophen) und textliche Umgestaltung erfuhr (z. B. in einer rein deutschen Fassung von 1646 »Nun singet und seid froh«, die sich bis heute im Evangelischen Gesangbuch findet). Doch blieb »In dulci iubilo« stets eine andere Art von Weihnachtslied, weil es in ihm »nicht so sehr um die weihnachtliche Gegenwart des Christkinds geht …, sondern um den Ausblick in die ewige Seligkeit, also die jenseitige Zukunft« (Maria Luise Thurmair). Etliche Wendungen in diesem Lied weisen auf diese Zukunft hin: »Alpha es et O« heißt es in der ersten Strophe über das Kind im Schoß der Mutter (»in matris gremio«). – »Du bist das Alpha und das Omega!« Dieses Zitat aus der Offenbarung des Johannes (Offb 1,8) umschreibt Christus als den Herrscher, der war, der ist und der kommen wird. Er ist der schon in den Psalmen genannte König der Herrlichkeit (»princeps gloriae« – 2. Strophe, vgl. Ps 24), in dessen königlichem Hof (»in regis curia« – 3. Strophe) die Engel, gleichsam als musizierender Hofstaat, neue, nie zuvor gehörte Lieder singen (»nova cantica«). – Hier klingt ein älterer Hymnus des Petrus Abaelard durch, der im 12. Jahrhundert die Vollendung der Welt in das Bild des den ewigen Sabbat feiernden himmlischen Hofes gebracht hat (»O quanta qualia«).

Das Lied hat keine Handlung; es zeichnet nicht das Geburtsgeschehen nach, es ist vielmehr eine in Goldglanz strahlende Ikone des auf dem Schoß der Gottesmutter thronenden göttlichen Herrschers, von dem der Glanz der Sonne ausgeht, weil er die wahre Sonne selbst ist. Ja, wie ein Ikone ist auch das Lied ein »Fenster in den Himmel«, wie es Martin Rößler genannt hat. Und es passt zu diesem Ausblick in die Zukunft, dass die dritte Strophe – zumindest nach einigen Quellen – in einen Seufzer der Sehnsucht mündet, in das »Eia, wär'n wir da!«.

Zieh mich her hinter dir!
Nirgendwo kann es schöner sein. Diese aus dem Lied sprechende Sehnsucht ist auch anders als jener mehr von Furcht und Schrecken gekennzeichnete Ausblick auf den wiederkommenden Herrn, der im Mittelalter prägend war. Die erste Ankunft des Gottessohnes auf Erden lässt immer auch auf dessen zweites Kommen am Ende der Zeiten schauen. Das noch heute im Advent gesungene »Gott, heilger Schöpfer aller Stern« (»Conditor alme siderum«) aus dem 10. Jahrhundert nimmt den zukünftigen und strengen Richter Jesus Christus in den Blick, den wir angesichts seiner bevorstehenden Wiederkunft bitten, dass er uns zuvor seinen Willen lehrt und im Glauben zunehmen lässt, damit wir seines Kommens würdig werden.

Wie anders dagegen der Ton dieser weihnachtlichen Cantio: »Singet und seid froh«, lautet ihre Botschaft, von himmlischen Freuden (»gaudia«) ist die Rede. Es ist die herzliche

Beziehung der Mystik, jener innigen Frömmigkeit des späten Mittelalters, zu Jesus Christus, die in diesem Lied zum Ausdruck kommt. In der Lebensbeschreibung des Mystikers Heinrich Seuse wird das Lied auch erstmals erwähnt. Ihm sei ein himmlischer Spielmann erschienen, der »ein fröhliches Gesänglein von dem Kindlein Jesus« angestimmt habe, das »In dulci iubilo« lautete. Die Engel nahmen Seuse bei der Hand und vollführten mit ihm einen Tanz, der ihn alle seine Leiden vergessen ließ, ein Vorgeschmack ewiger himmlischer Freude war und göttlicher Herrlichkeit.

In diesem Schweben zwischen »schon« und »noch nicht« sehnt sich der Dichter nach dem Endgültigen: »Trahe me post te«, »Zieh mich her hinter dir«, ruft er in der Sprache der Liebenden und in Worten des Hohen Liedes (Hld 1,4). Wer tief im Innern spürt, was Weihnachten uns an herrlicher Zukunft auftut, der ist »hin und weg«, der möchte hier nicht bleiben länger.

Den die Hirten lobeten sehre

Matthäus Ludecus / Nikolaus Herman /
Johannes Keuchenthal (16. Jh.)

1. Den die Hirten lobeten sehre
und die Engel noch viel mehre,
fürchtet euch nun nimmermehre,
euch ist geborn ein König der Ehrn.

Heut sein die lieben Engelein / in hellem Schein / -
erschienen bei der Nachte
den Hirten, die ihr' Schäfelein / bei Mondenschein /
im weiten Feld bewachten:
Große Freud und gute Mär / wolln wir euch offenbaren, /
die euch und aller Welt soll widerfahren.

Gottes Sohn ist Mensch geborn, ist Mensch geborn,
hat versöhnt des Vaters Zorn, des Vaters Zorn.

2. Zu dem die Könige kamen geritten,
Gold, Weihrauch, Myrrhen brachten sie mitte.
Sie fielen nieder auf ihre Knie:
Gelobet seist du, Herr, allhie.

Sein' Sohn die göttlich Majestät / euch geben hat, /
ein' Menschen lassen werden.
Ein Jungfrau ihn geboren hat / in Davids Stadt, /
da ihr ihn finden werdet
liegend in ei'm Krippelein / nackend, bloß und elende, /
dass er all euer Elend von euch wende.

Gottes Sohn ist Mensch geborn …

3. Freut euch heute mit Maria
in der himmlischen Hierarchia,
da die Engel singen alle
in dem Himmel hoch mit Schall.

Danach sangen die Engelein: / Gebt Gott allein /
im Himmel Preis und Ehre.
Groß Friede wird auf Erden sein, / des soll'n sich freun /
die Menschen alle sehre
und ein Wohlgefallen han: / Der Heiland ist gekommen, /
hat euch zugut das Fleisch an sich genommen.

Gottes Sohn ist Mensch geborn ...

4. Lobt, ihr Menschen alle gleiche,
Gottes Sohn vom Himmelreiche;
dem gebt jetzt und immermehre
Lob und Preis und Dank und Ehr.

Die Hirten sprachen: Nun wohlan, / so lasst uns gahn /
und diese Ding erfahren,
die uns der Herr hat kundgetan; / das Vieh lasst stahn, /
er wird's indes bewahren.
Da fanden sie das Kindelein / in Tüchelein gehüllet, /
das alle Welt mit seiner Gnad erfüllet.

Gottes Sohn ist Mensch geborn ...

Eine Prophezeiung mit Folgen

Nicht nur aus den Evangelien des Lukas, Matthäus und Johannes bezogen die weihnachtlichen Gesänge ihr Material; auch die Lesungen und Prophetien drückten den Gesängen ihren Stempel auf. Vor allem die Lesung aus dem 9. Kapitel des Propheten Jesaja, die nach den ältesten Zeugnissen einer Leseordnung in der nächtlichen Messe vorgetragen wurde, hat ihre markanten Sätze in manchem Lied nachklingen lassen: »Ein Kind ist uns geboren, ein Sohn ist uns geschenkt...« Schon in der ersten Messe dieses Festes, derjenigen am Tag, wurde zu Beginn des Gottesdienstes daraus der Eröffnungsgesang gewählt, der so genannte Introitus: »Puer natus est nobis et filius datus est nobis...« Die Illustratoren der mittelalterlichen Choral-Codices haben nicht selten die Initiale P entsprechend weihnachtlich gestaltet und ausgeschmückt. Der Text des Introitus selbst wurde von verschiedenen Komponisten mehrstimmig vertont. Zudem knüpften an den Introitus-Gesang auch verschiedene lateinische und volkssprachliche Dichtungen an, die sich bis in das 13. Jahrhundert zurückverfolgen lassen; das »Puer natus in Betlehem« – »Ein Kind geborn zu Betlehem« wird bis heute zur Weihnachtszeit gesungen; eine lateinische Cantio »Natus est nobis hodie« aus dem 15. Jahrhundert bildete die Grundlage für Michael Weißes Lied aus dem Jahr 1531 »Ein Kind ist uns geboren heut«.

Dieses Kind, lateinisch »puer«, ist freilich nicht als Knäblein im lockigen Haar zu denken; Gewaltiges wird ja von diesem Kind ausgesagt: Die Herrschaft wird auf seinen Schultern ruhen, starker Gott ist er und leidenschaftlicher Eifer wird ihn auszeichnen. Auch lässt das griechische Wörtlein »paidion« (Kind) aus der griechischen Übersetzung der Jesaja-Stelle an das verwandte »pais« denken, das auch »Sklave, Knecht« bedeuten kann. Es klingt also im Bild des Knaben bereits der

Die P-Initiale des »Puer natus est«-Introitus aus dem Kiedricher Graduale (um 1280)

»Gottesknecht« an, der die Leiden auf sich nehmen wird, Jesus Christus, der sich erniedrigt hat und den Sklaven gleich wurde, um uns Menschen zu erhöhen. Die Einbeziehung solcher Gedanken und Assoziationen verhindert eine Verniedlichung des neugeborenen Kindes.

Ausschmückung liturgischer Texte
Möglicherweise hat das »Puer natus est nobis« sogar einen weihnachtlichen Brauch angeregt, der bis heute geübt wird und im Zusammenhang eines Liedes steht, das allgemein nur als »Quempas« bezeichnet wird. Quempas ist kein lateinisches Wort, sondern eine Zusammenziehung der beiden ersten lateinischen Silben des Satzes »*Quem pas*tores laudavere« – »Den die Hirten priesen, / nachdem ihnen die Engel gesagt hatten: / Ihr braucht euch nicht zu fürchten, / er ist geboren als König / von göttlicher Herrlichkeit.« Der relative Satzanschluss »den die Hirten priesen« ließ die Vermutung auf-

kommen, dass der Gesang gleichsam ein erläuternder und erweiternder Text zu dem genannten Introitus darstellte: »puer – quem pastores laudavere ...«. Solche Erweiterungen gab es während des Mittelalters tatsächlich zu vielen liturgischen Texten; man nannte sie »Tropen« und »Sequenzen« – auch manche heute noch gebräuchlichen Festlieder sind aus ihnen entstanden. An solch einem Umgang mit liturgischen Texten zeigt sich einerseits, dass deren ursprünglicher Sinn mit der Zeit verdunkelt wurde, andererseits aber auch die mittelalterliche Freude am Spiel, am Schmuck, an der Ausgestaltung der Liturgie und gerade auch der Feier des Weihnachtsfestes.

An diese Auslegung des Introitus-Gesanges aus dem Propheten Jesaja hätten sich dann noch weitere Aussagen betrachtender Art angeschlossen, die zur Teilnahme an der Huldigung des Herrn durch die Hirten, die Könige und die Jungfrau Maria aufriefen. Entstanden ist dieses Lied wohl in Böhmen und dort auch mit einem anderen Gesang »Nunc angelorum gloria« zu einem Doppellied zusammengewachsen, eben dem »Quempas«, wie er heute noch gesungen wird.

Der Quempas geht um

Der Quempas ist aber nicht einfach nur ein Gesang, bestehend aus zusammengefügten Liedern und Strophen; wesentlich gehört auch noch die Art der Aufführung hinzu. Das »Mainzer Cantual« von 1605 gibt bereits einen ausführlichen Hinweis zur Aufführungspraxis, deren es mehrere Möglichkeiten gebe: So könnten unter anderem vier Knaben, an verschiedenen Orten der Kirche stehend, die vier Zeilen des »Quem pastores laudavere« singen, wozu ein Chor mit deutschem Vers hinzutritt. Dass diese Praxis auf eine lange Tradition zurückverweisen kann, wird ausdrücklich gesagt: »Also habens vorzeiten die lieben Alten in der Heiligen Christnacht pflegen zu singen ...« Die einzelnen Zeilen des »Quem pastores ...«, die reihum von

Kindern in vier Ecken der Kirchen gesungen werden, führte zu der Redeweise »der Quempas geht um«. Wenn man so will, ist es eine frühe Art der Quadrophonie und ein Beispiel für das durchaus dramaturgische Gespür jener Zeit. Im 16. Jahrhundert entstanden die Fassungen der einzelnen Quempas-Teile, wie sie heute noch im Evangelischen Gesangbuch zu finden sind: Die deutsche Fassung des zweiten Liedes »Nunc angelorum gloria« besorgte der begnadete Kantor und Lehrer Nikolaus Herman aus dem böhmischen Joachimsthal; ganz in dem ihm eigenen, auf Kinder gerichteten Stil schrieb er: »Heut sein die lieben Engelein / im hellen Schein / erschienen bei der Nacht.« Der jede Strophe abschließende Gesang in der Übersetzung von Johannes Keuchenthal »Gottes Sohn ist Mensch geborn« wurde schließlich durch Michael Prätorius vierstimmig gesetzt. So hat der Quempas also folgendes Aussehen: Vier Strophen »Den die Hirten lobeten sehre«, gefolgt von jeweils vier Strophen des Liedes »Heut sein die lieben Engelein«. Sie werden jeweils beschlossen von der Refrain-Strophe »Gottes Sohn ist Mensch geborn«.

Dramaturgie der Christnacht
Seinen Platz hatte der Quempas, der vor allem in den evangelischen Kirchen gepflegt wurde, in der Christnacht; entweder in der Mette, die oft am sehr frühen Morgen des 25. Dezembers stattfand und im Gegensatz zur katholischen »Christmette« keine Messe (Abendmahl) war, sondern auf die Tradition der klösterlichen Matutin, eines frühmorgendlichen Gebetsgottesdienstes, zurückging. Oder aber in der Christvesper, die am Abend des 24. Dezember gefeiert wurde und wird. Wie er gestaltet wurde, lässt sich aus folgendem Bericht ablesen, der aus der Mitte des 20. Jahrhunderts stammt.

»Wir haben am Hl. Abend zur Christvesper den ›Quempas‹ gesungen, 40 Kinder, die nach der Verlesung der Weihnachtsgeschichte, ausgerüstet mit einem bunten Lichtstern, … in die Kirche zogen zum Altar, auf dem eine große Krippe als Transparent stand. Von dort aus gruppierten sich vier Abteilungen, sodass in jeder Kirchenecke 10 Kinder zu stehen kamen. Während dieses Aufmarsches spielte ich auf der Blockflöte (die Orgel begleitete) ›Lobt Gott, ihr Christen allzugleich‹, die 1. Strophe sang dann eine Einzelstimme. Der Schlusston f gibt den Kindern gleich den Anfangston. Die erste Gruppe beginnt: ›Den die Hirten lobeten sehre …‹, die zweite und dritte Gruppe singt weiter, und nach der vierten Gruppe setzt der Chor mit dem schönen vierstimmigen Satz zu ›Heut sein die lieben Engelein in hellem Schein erschienen‹ ein. Während der Chor seinen Satz singt, wechseln die Kindergruppen ihre Plätze, sodass die 1. Gruppe auf den Platz ihrer Vorgängerin zu stehen kommt. Nach dem Verklingen des Chores ›Gottes Sohn ist Mensch geborn‹ beginnt von den Sternträgern wieder gesungen die zweite und wieder mit dem Chor im Wechsel fortlaufend die 3. und 4. Strophe. Nach dem letzten Vers gruppieren sich die Kinder wieder vor der Krippe, dann folgt das ›Vaterunser‹ und der Segen, und die Gemeinde singt das Schlusslied…« *(aus dem Buch »Der Quempas geht um« von 1965).*

Mittelalterliche Spielfreude

Nicht nur im weihnachtlichen Gottesdienst wurde der Quempas gesungen; auch auf den Plätzen und Straßen – vor allem von den Schülern und ihren Erziehern (Praezeptoren) beim »Kurrende-Singen« – wurde er dargeboten. Die Kurrende-Chöre (vom lateinischen Wort »currere« = laufen) bringen bis heute den Menschen die Weihnachtsbotschaft in Liedform nahe, wobei das Heischen um eine milde Gabe früher wesentlich dazugehörte. Und auch nicht nur der Quempas wurde in Form verteilter Chöre und unter Einbeziehung des Volkes gesungen; auch andere Lieder und Prophezeiungen waren auf diese Weise gestaltet.

Die Entstehung solcher Gesänge wie passt zu anderen spielerischen Formen des späten Mittelalters, mittels derer das Wort Gottes verkündet wurde. So gab es etliche »Weihnachtsspiele«, die sich schon im 10./11. Jahrhundert ebenfalls aus erweiterten und ergänzten liturgischen Gesängen entwickelten. Die erste Antiphon (Kehrvers) zu den morgendlichen Laudes des Weihnachtsfestes legte eine Dramatisierung ja geradezu nahe: »Quem vidistis pastores…« – »Wen habt ihr gesehen, Hirten? Sprecht, verkündet uns, wer auf Erden erschienen ist! – Einen Neugeborenen haben wir gesehen und die Chöre der Engel, die den Herrn lobten, halleluja, halleluja!« Sie verselbstständigten sich mit der Zeit und fanden dann auch außerhalb des Kirchenraums statt; letztlich wirken sie bis in unsere heutigen Krippenspiele nach.

»Puer natus est nobis…«: So bringt also das Wort des Propheten Jesaja, dass uns ein Kind geboren ist, auf dessen Schultern die eigentliche Herrschaft dieser Welt ruht, noch immer die Menschen in Bewegung.

Vom Himmel hoch, da komm ich her
Martin Luther (1534)

Martin Luther am Weihnachtslied 1536 zu Wittenberg.
Stahlstich von Carl August Schwerdgeburth (1843)

1. »Vom Himmel hoch, da komm ich her,
ich bring' euch gute neue Mär,
der guten Mär bring' ich so viel,
davon ich sing'n und sagen will.

2. Euch ist ein Kindlein heut' gebor'n
von einer Jungfrau auserkor'n,
ein Kindelein, so zart und fein,
das soll eu'r Freud und Wonne sein.

3. Es ist der Herr Christ, unser Gott,
der will euch führ'n aus aller Not,
er will eu'r Heiland selber sein,
von allen Sünden machen rein.

4. Er bringt euch alle Seligkeit,
die Gott der Vater hat bereit,
dass ihr mit uns im Himmelreich
sollt leben nun und ewiglich.

5. So merket nun das Zeichen recht:
Die Krippe, Windelein so schlecht,
da findet ihr das Kind gelegt,
das alle Welt erhält und trägt.«

6. Des lasst uns alle frölich sein
und mit den Hirten gehn hinein,
zu seh'n, was Gott uns hat beschert,
mit seinem lieben Sohn verehrt.

7. Merk auf, mein Herz, und sieh dorthin!
Was liegt doch in dem Krippelein?
Wes ist das schöne Kindelein?
Es ist das liebe Jesulein.

8. Sei mir willkommen, edler Gast!
Den Sünder nicht verschmähet hast
und kommst ins Elend her zu mir,
wie soll ich immer danken dir?

9. Ach, Herr, du Schöpfer aller Ding,
wie bist du worden so gering,
dass du da liegst auf dürrem Gras,
davon ein Rind und Esel aß!

10. Und wär' die Welt vielmal so weit,
von Edelstein und Gold bereit',
so wär sie doch dir viel zu klein,
zu sein ein enges Wiegelein.

11. Der Sammet und die Seide dein,
das ist grob Heu und Windelein,
darauf du König groß und reich
herprangst, als wär's dein Himmelreich.

12. Das hat also gefallen dir,
die Wahrheit anzuzeigen mir:
Wie aller Welt Macht, Ehr und Gut
vor dir nichts gilt, nichts hilft noch tut.

13. Ach, mein herzliebes Jesulein,
mach dir ein rein, sanft Bettelein,
zu ruhen in meins Herzens Schrein,
dass ich nimmer vergesse dein.

14. Davon ich allzeit fröhlich sei,
zu springen, singen immer frei
das rechte Susaninne schön,
mit Herzenslust den süßen Ton.

15. Lob, Ehr sei Gott im höchsten Thron,
der uns schenkt seinen ein'gen Sohn.
Des freuet sich der Engel Schar
und singet uns solch neues Jahr.

Die alte Mär wird wieder neu

Deutschsprachige Lieder gab es lange schon vor der Reformation, auch Weihnachtslieder, wie gesehen. Doch es sollte noch Jahrhunderte dauern, bis sie sich auch im Gottesdienst als eigenständig durchsetzten und gleichwertig gegenüber den lateinischen Gesängen erwiesen. Lieder spielten in dieser Zeit zwischen Mittelalter und Neuzeit eine wichtige Rolle im Leben der Menschen; es wurde viel gesungen: zum Vergnügen, zur Unterhaltung, aber auch zum Trost – und zur Verbreitung neuer Ereignisse.

Vielleicht bedarf es manchmal eines solchen – sogar gewalttätigen – Ereignisses, um eine neue Bewegung in Gang zu setzen. So lässt sich der Beginn eines neuen Liederfrühlings mit dem Jahr 1523 datieren, als Martin Luther, veranlasst durch die Hinrichtung zweier junger Augustinermönche aus Antwerpen, die sich zum evangelischen Glauben bekannten, ein so genanntes Zeitungslied schrieb, in dem er von diesem schrecklichen Geschehen berichtete und es publik machte. Doch noch in anderer Hinsicht war dieses Jahr wichtig: 1523 begann Luther auch, einige Psalmen in deutsche Lieder zu übertragen, dergestalt, dass ihr verborgener geistlicher Sinn, der auf Jesus Christus weist, klar zum Ausdruck kommt. »Aus tiefer Not schrei ich zu dir«, so beginnt sein erstes Lied über Psalm 130, das auch Konturen seiner Lehre von der Rechtfertigung und der Erlösung durch den Glauben an Jesus Christus allein zeigt. Er lud auch Freunde dazu ein, es ihm gleich zu tun und – nach dem Vorbild der alten Kirchenväter und Propheten – Lieder für das einfache Volk zu schreiben. Der Antrieb seines musischen Schaffens war, wie er in der Vorrede zum Wittenberger Gesangbuch von 1524 bekannte, »das heilige Evangelium, das jetzt durch Gottes Gnaden wieder aufgegangen ist, zu treiben und in Schwang zu bringen«.

Das Evangelium treiben

Das heilige Evangelium, das jetzt wieder aufgegangen ist: Tatsächlich rühmten seine Zeitgenossen an Martin Luther, dass er das Licht des Evangeliums neu entzündet habe. Das bezog sich in erster Linie auf die Verkündigung der Frohen Botschaft in deutscher Sprache, was über Jahrhunderte hinweg zu einem unterscheidenden Merkmal zwischen der katholischen Kirche und den Kirchen der Reformation wurde. Das bezog sich aber eben auch auf die Lieder, die das Evangelium in poetischer Form den Menschen nahe brachten. Es setzte im 16. Jahrhundert ein solches Liederschaffen ein, dass man heute noch darüber staunen kann, wie dieser Funke einen derartigen Flächenbrand auslösen konnte, der auch vor den katholischen Gotteshäusern nicht haltmachte und katholische Dichter und Theologen gleichermaßen herausforderte. Luther zitiert in dem genannten Vorwort auch den heiligen Paulus, dem er in mancher Hinsicht glich; er will, »dass Christus unser Lob und Gesang sei und wir nicht wissen sollen zu singen noch zu sagen denn Jesum Christum, unseren Heiland« (vgl. 1 Kor 2,2). Jesus Christus ist für ihn Inhalt der ganzen Schrift, des Alten wie des Neuen Testaments; ihn will er den Menschen – und zwar im Sinne einer persönlichen Begegnung – zu Gericht und Gnade gegenwärtig machen.

Neue Nachricht – gute Mär

Von Martin Luther sind uns vier Weihnachtslieder überliefert; er übertrug den alten Hymnus des Sedulius zu »Christum wir sollen loben schon« (1523), schuf eine umfangreiche Erweiterung der mittelalterlichen Leise »Gelobet seist du, Jesu Christ« (1523/24), schrieb ein Kinderlied auf Weihnachten »Vom Himmel hoch, da komm ich her« (1535) sowie ein anderes Christlied »Vom Himmel kam der Engel Schar« (1542). Zu den weihnachtlichen Gesängen lassen sich auch noch seine Übertragung des alten Ambrosius-Hymnus zu »Nun komm, der Heiden Heiland« rechnen, der zu seiner Zeit freilich schon ein Adventslied war, wie auch der zweite Teil des Abecedarius von Sedulius, der sich dem dreifachen Festgeheimnis von Epiphanie widmet: »Was fürchtst du, Feind Herodes, sehr«. Die vier Erstgenannten finden sich noch immer im Evangelischen Gesangbuch, zwei haben es auch ins katholische geschafft: »Gelobet seist du« und »Vom Himmel hoch«.

Letzteres war eigentlich für die Kinder gedacht; es schildert zunächst das Evangelium der Weihnachtsnacht aus der Sicht des Verkündigungsengels, der den Hirten und damit auch uns »gute neue Mär« bringt. »Mär« ist ein altes Wort für Nachricht, Bericht – die gute Mär, ins Griechische übersetzt, heißt Eu-angelion – Evangelium. Wenn man so will, ist es auch eine Art »Zeitungslied«; passenderweise wurde es ursprünglich auf die Melodie eines Erzähl- bzw. Spielmannsliedes »Ich komm aus fremden Landen her« gesungen; mit solchen Liedern, in denen sie ihren Zuhörern möglichst spannende Neuigkeiten darboten, wetteiferten verschiedene Sänger um den Siegespreis eines Kranzes, Kränzels, weswegen man sie auch Kränzellieder nannte. Mit dieser Assoziation schafft er eine ganz neue Situation der Verkündigung: »Luther hat den verkündenden Weihnachtsengel weggeholt von den Fluren Betlehems; er hat ihn herausgeholt aus dem heiligen Buch, das auf dem Altar liegt, auch aus dem Goldrahmen des Bildes in der Altarnische. Er stellt ihn auf den Marktplatz der Nachrichten. Er lässt ihn mit seiner Botschaft um ein Kränzel singen« (Gerhard Hahn). Wenig später wurde dann freilich diese Melodie durch jene ersetzt, mit der das Lied heute bekannt ist.

Verschiedene Traditionen

Vielleicht hatte »Vom Himmel hoch« seinen Platz in der häuslichen Feier; einzelne Strophen daraus wurden früher sogar verschiedenen Mitgliedern der Familie Luther zugewiesen. Das erscheint zunächst verständlich, da doch die Sprecher mehrfach innerhalb des Liedes wechseln: vom Engel zum Wir der Hirten/Gemeinde zum Ich des einzelnen Gläubigen und nochmals zum Wir. Liegt da eine Aufteilung nicht nahe? Ein weit verbreitetes Bild aus dem 19. Jahrhundert zeigt die Familie und Freunde Luthers im Jahr 1536 um den Christbaum versammelt; dabei steht der zehnjährige Sohn Johannes in der

Fensternische und deklamiert mit erhobenem Arm – vielleicht das Wort des Engels. Doch das ist alles spätere Spekulation und fromme Deutung.

Die Reduzierung des ursprünglich 15 Strophen umfassenden Liedes auf sieben, wie es vielfach üblich ist, verstärkt freilich den falschen Eindruck, es handele sich lediglich um ein Lied, das die Engelbotschaft wiedergibt. Dabei ist es vielschichtiger, verbindet die bis dahin unterschiedlichsten Traditionen der weihnachtlichen Dichtung: neben dem Evangelium aus Lukas die Liturgie mit ihrem nächtlichen Introitus-Gesang (»Euch ist ein Kindlein heut geborn«), die lateinische weihnachtliche Dichtung (»Ach Herr, du Schöpfer aller Ding«), den volksfrommen Brauch des Kindelwiegens (»Susanni«), das Krippenspiel mit dem Transeamus (»Des lasst uns alle fröhlich sein und mit den Hirten gehn hinein«) und das aus der Mystik stammende Bild vom Ruhen des Kindes im Herzen des Gläubigen, das später vor allem Paul Gerhardt aufgreifen sollte (»mach dir ein rein sanft Bettelein zu ruhen in meins Herzens Schrein«). So erstreckt sich die Situation von der Verkündigung der Geburt über die Aufforderung zum Krippengang bis zur Anbetung des Kindes. Es ist in dieser Vielschichtigkeit vielleicht bis dahin das umfassendste Weihnachtslied, das solchermaßen auch zeigt, welche anspruchsvolle Dichtung der Reformator den Kindern zumutete. Lediglich in der Verwendung von Verkleinerungsformen (Kindelein, Krippelein, Bettelein, Windelein) und manchen Bildern (königliches Gold, Samt und Seide) lässt sich der ursprüngliche Adressatenkreis erkennen.

Gute Mär und neues Jahr

Eine frohe Botschaft, ein von Herzen kommender Glaube – und ein neues Jahr: Das wünschen die Engel in der letzten Strophe des Liedes. Die Menschwerdung Gottes erneuert die Zeit, und tatsächlich hat man lange auch das neue Jahr mit

Weihnachten begonnen; bis heute zählen wir ja die Jahre nach Christi Geburt. Die frohe Botschaft wird immer wieder neu, vor allem dann, wenn uns äußere Ereignisse zeigen, dass alles gut wird. In diesem Sinn hat auch Rudolf Alexander Schröder die erste Friedens-Weihnacht nach langen Jahren 1945 in Anlehnung an Luthers Lied besungen:

»Die gute Mär wird wieder neu,
Gott will, dass alle Welt sich freu;
noch einmal kommt der Sohn zur Erden,
es soll noch einmal Friede werden.«

Lobt Gott, ihr Christen alle gleich
Nikolaus Herman (1560)

1. Lobt Gott, ihr Christen alle gleich,
in seinem höchsten Thron,
der heut' schließt auf sein Himmelreich
und schenkt uns seinen Sohn,
und schenkt uns seinen Sohn.

2. Er kommt aus seines Vaters Schoß
und wird ein Kindlein klein,
er liegt dort elend, nackt und bloß
in einem Krippelein,
in einem Krippelein.

3. Er äußert sich all' seiner G'walt,
wird niedrig und gering,
und nimmt an sich ein's Knechts Gestalt,
der Schöpfer aller Ding',
der Schöpfer aller Ding'.

4. Er wechselt mit uns wunderlich:
Fleisch und Blut nimmt er an
und gibt uns in sein's Vater Reich
die klare Gottheit dran.
die klare Gottheit dran.

5. Er wird ein Knecht und ich ein Herr,
das mag ein Wechsel sein!
Wie könnt' es doch sein freundlicher,
das herze Jesulein,
das herze Jesulein.

6. Heut schließt er wieder auf die Tür
zum schönen Paradeis:
Der Cherub steht nicht mehr dafür,
Gott sei Lob, Ehr' und Preis!
Gott sei Lob, Ehr' und Preis!

Weihnachtskommerz: ein Wechsel auf Zukunft

Kaum jemand, der den weihnachtlichen Rummel nicht beklagt, vor allem die Veräußerlichung des Festes, die sich auch, aber nicht nur, im Kommerz ausdrückt. Wirtschaft und Handel – die Übersetzung des lateinischen Wortes »commercium« – sind seit Längerem mit dem Weihnachtsfest eng verbunden, ja sie scheinen heute, wenn man den Wirtschaftsnachrichten in den Tagen und Wochen bis Weihnachten glaubt, nachgerade das Wohl oder Wehe dieses Festes zu verantworten. Einen Großteil des »commerciums« macht dabei das Geschäft mit den Geschenken aus – das ist nicht ursprünglich mit Weihnachten verbunden, aber doch auch schon seit geraumer Zeit, wie an anderer Stelle noch genauer dargestellt ist. Schon bei den Römern war der Beginn des neues Jahres mit dem Austausch von Geschenken verbunden; der Brauch blieb, als Neujahr mit Weihnachten zusammenfiel. So können wir in der Familienchronik des Kölner Ratsherrn Hermann Weinsberg lesen, dass er noch 1580 am Heiligabend die Familienmitglieder und das Gesinde nach dem gemeinsamen Mittagessen beschenkte, ihnen für das alte Jahr dankte und ein glückseliges neues Jahr wünschte (bis heute lebt der Brauch eines Neujahrgeschenkes ja in einer kleinen Geldspende an Brief- oder Zeitungsausträger weiter – und auch der Wunsch »Frohe Weihnachten und ein gutes neues Jahr«).

Es wäre allerdings nicht richtig, wollte man den Kommerz rund um Weihnachten nur äußerlich und wirtschaftlich und damit kritisch betrachten. Denn der Handel und Austausch spielt auch in der inhaltlichen Bedeutung dieses Festes eine Rolle, ja wird sogar besungen. Und auch das neue Jahr spielt dabei eine Rolle.

Christus als Kaufmann

Wie andere große Feste auch, erhielt das Weihnachtsfest im Laufe der Zeit eine Oktav, das heißt eine Feier über acht Tage hinweg. Der Oktavtag, genau eine Woche nach dem Fest, war und ist dabei herausgehoben. In besonderer Weise hat man ihn mit Maria verbunden, was naheliegend ist, da sie ja den Gottessohn geboren hat und so zur Mutter Gottes wurde. Solange man über das wahre Wesen dieses Kindes stritt, war auch die Bedeutung der Mutter nicht eindeutig. Doch zum Bekenntnis der wahren Gottheit Jesu kam auch die Glaubensaussage dazu, dass Maria die »Gottesgebärerin« ist, die »theotokos«, wie sie griechisch genannt wird. Sie steht in den Texten des 1. Januar im Mittelpunkt, weshalb man annimmt, dass diese nicht lange nach dem Bekenntnis zur »Gottesgebärerin« auf dem Konzil des Jahres 431 entstanden sind: Papst Leo I., genannt »der Große« (440–461), wird sogar als Urheber vermutet.

Zu den Texten des Stundengebets an diesem Tag zählt auch eine Antiphon (Kehrvers), die bis heute in den Laudes, dem kirchlichen Morgengebet, gesungen wird: »O admirabile commercium ...« – »O wunderbarer Tausch! Der Schöpfer des Menschengeschlechtes hat einen beseelten Leib angenommen und sich herabgelassen, aus der Jungfrau Maria geboren zu werden. Als Mensch ging er ohne Samen hervor und hat uns seine Gottheit geschenkt.«

Der Tausch, der hier angesprochen wird, steht für das paradoxe Erlösungsgeschehen, das letztlich die Bedeutung des

Leidens und Sterbens Jesu ausmacht: Jesus stirbt *unseren* Tod und erwirbt uns damit *sein* ewiges Leben. Diese Wechselseitigkeit, dieser Austausch: Gott wird Mensch, damit der Mensch Göttlichkeit empfängt, kommt auch in der genannten Antiphon mehrfach in paradoxer Redeweise zum Ausdruck: Der Schöpfer des Menschengeschlechts – er nimmt menschlichen Leib an; er will geboren werden – aus einer Jungfrau; er wird Mensch – ohne männliches Zutun; er schenkt uns – seine Gottheit. Tatsächlich lassen sich ähnliche Gedanken in einer Predigt Leos des Großen finden (sermo 54,4) – sie wiederum verraten Kenntnis eines Abschnitts aus den Psalmenerklärungen des Augustinus, in dem dieser das Bild Jesu als eines himmlischen Kaufmanns entwickelt hat...

Vom Kind – für die Kinder

Auch wenn die Antiphon »O admirabile commercium« verschiedentlich vertont wurde, ist ihr Inhalt vom göttlich-menschlichen Tauschgeschäft doch wohl eher weniger bekannt. Glücklicherweise aber gibt es ein bis heute häufig gesungenes Weihnachtslied, das eben diesen Gedankengang weiterentwickelt hat: Es ist das Lied »Lobt Gott, ihr Christen alle gleich« von Nikolaus Herman. Der Zeitgenosse Martin Luthers war Lehrer und Kantor im böhmischen Joachimsthal, der Stadt, deren Silberminen wir den »T(h)aler« und damit letztlich auch den »Dollar« verdanken... Und eben auch verschiedene, bis heute gesungene Lieder von Herman, die sich in evangelischen wie katholischen Gesangbüchern gleichermaßen finden.

Seinen Liedern merkt man durchaus an, dass sie für Kinder geschrieben waren. Zusammen mit zwei anderen steht »Lobt Gott, ihr Christen« unter der Überschrift »Drei geistliche Weihnachtlieder vom neugeborenen Kindlein Jesu, für die Kinder im Joachimstal.« Vom Kindlein – für die Kinder:

Schon dieser Überschrift verrät das Ziel seiner Verkündigung: Gott ist ein Kind geworden – wie die, die davon singen; der Wechsel und Austausch kündigt sich darin schon an. Ursprünglich hat das Lied acht Strophen; sechs davon stehen noch heute im Evangelischen Gesangbuch, nur noch vier in der Fassung des Gotteslobes – unverständlicherweise, denn gerade die fortgelassenen Strophen entwickeln das Bild des weihnachtlichen Commerciums.

Das mag ein Wechsel sein!

Auch Herman verwendet zunächst das alte Bild aus dem Philipperhymnus, um sein Verkündigungsziel zu illustrieren: Gott wird Kind; er entäußert sich all seiner Gewalt, wird niedrig und gering, nimmt an eine Knechtsgestalt. Aber Herman fährt nicht fort, wie man es aus dem Philipperhymnus erwartet: Der sich Erniedrigende wird erhöht; vielmehr wechselt bei ihm im Sinne des göttlich-menschlichen Austauschs die Person: Erhöht wird der Mensch!

> Er wechselt mit uns wunderlich:
> Fleisch und Blut nimmt er an
> und gibt uns in seins Vaters Reich
> die klare Gottheit dran.

Indem sich der eine erniedrigt, wird der andere erhöht: »Er wird ein Knecht und ich ein Herr, das mag ein Wechsel sein!« Dem gottesdienstlich geübten Ohr mögen hier Passagen aus dem österlichen Exsultet anklingen, in dem es ähnlich heißt: »Um den Knecht zu erlösen, gabst du den Sohn dahin.« Um zu erfassen, was diese Aussage für einen Menschen der ausgehenden Antike, in der das Exsultet entstand, bedeutete, muss man sich die Stellung von Sohn und Knecht vor Augen halten: Der in der sozialen Hierarchie der antiken Großfamilie nach dem Familienoberhaupt ganz oben stehende Sohn wird dahingegeben, um einen mehr oder weniger wertlosen Sklaven – mehr Ware als Mensch – freizukaufen. »Unschätzbar« wird diese darin zum Ausdruck kommende Liebe Gottes zu den Menschen im Exsultet genannt, »bewundernswert« der Wechsel von göttlicher und menschlicher Natur in der oben genannten Antiphon, »wunderlich« das paradoxe Geschehen der Knechtwerdung des Herrn und der Herrwerdung des Knechtes in Nikolaus Hermans Lied. Das nur selten verwendete Ausrufungszeichen nach den Worten »Das mag ein Wechsel sein!« unterstreicht noch das nachhaltige Staunen Hermans ob der Unfassbarkeit des Geschehens.

Durch diesen Wechsel ist die Trennung, die mit der Vertreibung des Menschen aus dem Paradies zwischen Gott und dem Menschen bestand, aufgehoben. Der verlorene Mensch wird zurückgerufen in das Reich des Friedens, wie es in einer Weihnachtspräfation heißt. Der Engel mit dem Flammenschwert, der über diese Trennung wachte, steht nicht mehr vor der Tür des Paradieses. Mit dem »Heute« des Weihnachtsfestes, das nicht das Datum, sondern die vergegenwärtigende Feier meint, ist der Zugang zu Gott, der einst mit »Schloss und Riegel« versperrt war, wieder offen.

Kinder als Verkünder

Es kommt nicht von ungefähr, dass Herman sein Lied für die Kinder geschrieben hat; in der Reformation spielten die Lieder – aber auch kurze und einprägsame Gedichte – eine wichtige Rolle, weil mit ihnen den Kindern der Glaubensstoff vermittelt und eingeprägt werden sollte. Andere Autoren dieser Zeit verfassten Gesänge und Gebete für die »Hausväter und ihre Kinder«, denn der »Hausvater«, der *pater familias*, hatte die wichtige geistliche Aufgabe, das Glaubensleben seiner Kinder (und des Gesindes) anzuleiten und zu überprüfen. Und dabei griff man eben auch auf das Lied zurück, das wegen seiner poetischen Form gegenüber dem Prosatext etwa eines Katechismus den Glaubensstoff leichter lernen und behalten lässt. Das Lied »Lobt Gott, ihr Christen« war übrigens ursprünglich ein weltliches Tanzlied, dem Herman diesen christlichen Text unterlegte – noch ein Kunstgriff, um den Inhalt mittels bekannter Melodie besser einzuprägen. Er wurde auch von anderen Dichtern nicht zuletzt um der Kinder willen öfter gebraucht.

So sehen wir in dieser Zeit der Reformation zwar auch die Kinder als wesentliche Beteiligte des weihnachtlichen Festes, aber doch in einer ganz anderen und viel ernsteren Rolle als heute, wo sie vielfach nur Objekt der elterlichen Festinszenierung sind. Nicht nur stellt das Lied eine eigene Form der Verkündigung dar, die Kinder sollen mit seiner Hilfe auch zum Glauben geführt und zur späteren eigenen Verkündigung befähigt werden. Wenn man so will, auch ein »admirabile commercium«, ein guter Wechsel auf Zukunft hin!

Herbei, o ihr Gläubigen
John Francis Wade (um 1743) /
Johann Heinrich Ranke (um 1820)

Herbei, o ihr Gläubigen, fröhlich triumphieret,
o kommet, o kommet nach Betlehem!
Sehet das Kindlein, uns zum Heil geboren!
O lasset uns anbeten, o lasset uns anbeten,
o lasset uns anbeten den König!

2. Du König der Ehren, Herrscher der Heerscharen,
verschmähst nicht, zu ruhn in Marien Schoß,
du wahrer Gott von Ewigkeit geboren.
O lasset uns anbeten, o lasset uns anbeten,
o lasset uns anbeten den König!

3. Kommt, singet dem Herren, singt ihm, Engelchöre!
Frohlocket, frohlocket, ihr Seligen:
Ehre sei Gott im Himmel und auf Erden!
O lasset uns anbeten, o lasset uns anbeten,
o lasset uns anbeten den König!

4. Ja, dir, der du heute Mensch für uns geboren,
Herr Jesu, sei Ehre und Preis und Ruhm,
dir, fleischgewordnes Wort des ewgen Vaters!
O lasset uns anbeten, o lasset uns anbeten,
o lasset uns anbeten den König!

Die Mette beginnt

Der mitternächtliche oder wenigstens doch spätabendliche Weihnachtsgottesdienst trägt in katholischen Kreisen auch den Namen »Christmette«. Das Wort Mette leitet sich von dem lateinischen »Matutin«, eigentlich »laudes matutinae« ab, womit der frühmorgendliche, in der Praxis oft am Abend bzw. in der Nacht gefeierte Gebetsgottesdienst (Offizium) der Klöster bezeichnet wurde und wird. Diese Matutin bzw. Mette verband sich mit der nächtlichen Messe, der Begriff ging schließlich auf die ganze Feier über, die solchermaßen die Bezeichnung »Christmette« oder auch einfach nur »Mette« erhielt.

Eine solch nächtliche Weihnachtsmatutin scheint sehr alt zu sein, sie wurde aber hauptsächlich in Klöstern und geistlichen Gemeinschaften gefeiert. Sie hatte durch die Texte der Psalmen, die ganz und gar weihnachtlich waren, durchaus ihren eigenen Reiz. Wo – wie etwa in Klosterkirchen – die Menschen schon früher zum nächtlichen Gottesdienst kamen, um einen Platz zu erhalten, waren sie, auch ohne direkt beteiligt zu sein, doch zumindest Teilnehmer dieser lateinischen Mette. Bisweilen, so wird überliefert, sang sie in manchen Pfarrkirchen der Priester (gekürzt) auch ganz allein. Weil die Matutin durch die Vielzahl der Psalmen und wegen ihrer Lesungen lange dauert, wurde sie teilweise schon gegen 22.30 Uhr angesetzt, damit die Mitternachtsmesse pünktlich um 24 Uhr beginnen konnte.

Der Andrang zur »Mette« brachte es vielfach mit sich, dass es auch da, wo keine Matutin gebetet bzw. gesungen wurde, eine Art Einstimmung in die Messe gab. In der Zeit der »Liturgischen Bewegung« in der ersten Hälfte des 20. Jahrhunderts wurde auch für die (Wieder-)Einführung einer Matutin, gleichsam als gemeindliche Mette, plädiert: »In Kirchen mit Mitternachtsgottesdienst (sind) um 11 Uhr, ja schon um 10 Uhr die Bänke besetzt… Wie wäre es, wenn man diese Frühankömmlinge zu einer Art Chormette gegen 11 Uhr als Vorbereitung zur heiligen Messe heranzöge?« Die deutschen Texte dieser Mette wurden denn auch in einzelnen Gesang- und Gebetbüchern dieser Zeit abgedruckt. (Aus einer Zeitschrift von 1930)

Venite adoremus – Kommt, lasst uns anbeten
Eröffnet wird die Matutin, mit der ja gewissermaßen der Reigen der über den Tag verteilten Gebetsstunden (Laudes, Terz, Sext etc.) beginnt, stets mit einer Gebetseinladung: »Venite adoremus« – »Kommt, lasst uns anbeten«. Ganz feierlich ist diese Einladung, »Invitatorium« genannt, an Weihnachten: »Christus, der für uns geboren ist: kommt, lasst uns (ihn) anbeten.« In dem sich stets anschließenden Psalm 95 beugte man früher zu den Worten »Kommt, lasst uns anbeten und niederfallen vor dem Herrn« sogar die Knie. Immer wieder wird dieser Psalm vom Kehrvers »Venite adoremus« unterbrochen, sodass er sich den Menschen sicherlich nachhaltig eingeprägt hat. Wo die Mette gekürzt gebetet wurde, gehörte zumindest dieses Invitatorium zusammen mit einer Nocturn und dem abschließenden feierlichen Te Deum mit dazu.

Der Kehrvers ist auch in ein berühmtes Weihnachtslied eingegangen und bildet dort den Refrain, der lateinisch oder auch in anderen Sprachen zur Verehrung Gottes aufruft, der Mensch geworden ist in dem Kind im Stall: »Venite adoremus« – »Kommt, lasset uns anbeten«. Dieses Weihnachtslied, eine lateinische Cantio mit dem Titel »Adeste fideles«, ist in seinen Ursprüngen nicht genau zu fassen, weil es verschiedene Traditionslinien gibt, die nach England bzw. Frankreich des 18. Jahrhunderts weisen. Eine aus England mitgebrachte vierstrophige Fassung dieses Liedes aber diente um 1820 dem evangelischen Theologen Friedrich Heinrich Ranke als Grundlage seiner Dichtung »Herbei, o ihr Gläubigen, fröhlich triumphieret«. Ranke war nicht der Einzige, der dieses Lied, dessen würdevoll schreitende, im Stil englischer Hymnen gestaltete Melodie wohl von dem Lateinlehrer und Notenkopisten John Francis Wade stammt, in seine Landessprache übersetzte; neben »Stille Nacht« gilt »Adeste fideles« als das »auf Erden am häufigsten und in den meisten Sprachen gesungene Lied« (Theophil Bruppbacher), das auch von Bing Crosby, Frank Sinatra, Mireille Mathieu und vielen anderen Größen des Showbusiness aufgenommen wurde.

Ganz im Sinne der liturgischen Anbetung wird das Kind in der lateinischen Fassung als »Gott von Gott, Licht vom Licht« angesprochen, als »wahrer Gott, gezeugt, nicht geschaffen«. Es sind Worte des Großen Glaubensbekenntnisses, die hier eingeflossen sind. Eben diese Bedeutung des Kindes lässt die Gläubigen zusammen mit den Engeln und Seligen des Himmels frohlocken. In den jeweiligen Übersetzungen wurde oft auf die jüngere, siebenstrophige lateinische Fassung zurückgegriffen, die mehr das biblische Geschehen in Betlehem betrachtet. Vielleicht hat auch das den Siegeszug des Liedes um die Welt begünstigt.

Problematische Nachtfeier

Doch noch einmal zurück zur nächtlichen Mette. Der Beginn der Messe um frühestens 24 Uhr brachte auch manche Probleme mit sich. Das Weihnachtsfest bot eben, obwohl die kirchlichen Feiern im Mittelpunkt standen, immer auch einen Anlass zu Überschwang und Übermut vor allem jüngerer Leute. So gibt es schon aus der Zeit vor der Reformation Berichte über das Tanzen, Lärmen und Herumtoben des Volkes vor, aber auch während des nächtlichen Gottesdienstes. Viele Gottesdienstbesucher waren alkoholisiert, weil sie sich zu Hause oder in Wirtshäusern die Zeit bis zur Mette mit Trinken vertrieben. Der Pfarrer von Justingen in Württemberg beklagt um 1800 die Zustände, die sich – wohl nicht nur bei ihm – eingebürgert hätten: Die Leute warten bis Mitternacht bei Bier und Branntwein in den Häusern, treiben Schwärmerei und Aberglauben, um dann »ganz erhitzt ohn aller Andacht und Frömmigkeit zur Kirche hin zu schwärmen«.

In der Zeit der Reformation begann man daher vielfach, die mitternächtliche Mette – um »allerlei Gefahr zu vermeiden« – auf die frühen Morgenstunden, etwa vier Uhr, zu verlegen. Allerdings waren diese Metten keine Messen mehr, sondern ein an die Form der Matutin angelehnter gemeindlicher Gebetsgottesdienst mit vielen Liedern und Gesängen (z. B. Quempas). Doch auch trotz der morgendlichen Stunde konnte es noch zu Störungen kommen, wie in einer Beschreibung aus der Bergwerkstadt Zellerfeld Ende des 18. Jahrhunderts zu lesen ist:

»Der Gottesdienst begann morgens um 4 Uhr. Die Kirche war erleuchtet, es erschallten Musik und lateinische Gesänge. Das Fest lockte eine Menge Menschen aus den benachbarten Bergstädten dahin, die sich mit Branntwein und Honigkuchen reichlich zu versehen pflegten, um sich gegen die Kälte zu schützen und das Christfest zu begehen. Die Kirche war gepfropft voll und der Lärm so groß, als wenn die Trommeln eines Regiments auf einmal geschlagen würden. Der entsetzliche Dampf von Branntwein, Lichtern und Taback erfüllte die Kirche und erstickte fast den einzigen nüchternen Mann, den Prediger. Dieser konnte wegen des entsetzlichen Getöses nicht reden, stand still und sah von der Kanzel herab auf den Unfug der Gemeinde. Brennende Lichter, die das besoffene Volk von den Leuchtern riss, flogen in der Kirchen umher...«

Ernst und Andacht

Auch katholischerseits wurde der mitternächtliche Gottesdienst verschoben. Nicht nur das Treiben der Leute und der Alkoholkonsum, sondern auch die Dunkelheit, der lange Weg und die Gefahr des Einbruchs in leerstehende Häuser veranlassten die Obrigkeit, etwa um 1800 die Christmette zu verlegen. Eine Messe vor Mitternacht war früher nicht möglich, so verschob man sie in verschiedenen deutschen Ländern auf Weisung der Behörden auf den frühen Morgen des 25. Dezembers. Dort blieb sie vielfach bis zur Liturgiereform des 20. Jahrhunderts, in Bayern kam man schon nach zweieinhalb Jahrzehnten wieder auf die alte Zeit zurück.

Wenn es auch hie und da Probleme mit der nächtlichen Feier gegeben haben mag, so muss man doch auch sagen, dass die Messe einschließlich der ihr vorgelagerten Mette für die meisten Christen eine wichtige Feier war, an der sie mit Ernst und Andacht teilnahmen. Das wird aus vielen Erinnerungen deutlich, auch viele Geistliche rühmten das Verhalten der Gläubigen, die diesen Gottesdienst in der Nacht zur höchsten Feier des Kirchenjahres machten. Man kann heute, angesichts mancher Diskussionen um die Zumutbarkeit von Gottesdiensten, die am späteren Abend angesetzt werden, nur staunen über die Selbstverständlichkeit, mit der Menschen früherer Jahrhunderte die Mette und den Mitternachtsgottesdienst mitgefeiert haben – zuzüglich langer, meist zu Fuß zurückgelegter Wege zur Kirche und des Wartens auf den Beginn der Messe. So sind mit dem Aufruf »Adeste fideles« wirklich die Gläubigen gemeint und nicht die vereinzelten fidelen Gottesdienstbesucher…

Ich steh an deiner Krippen hier
Paul Gerhardt (1658)

Ich steh an deiner Krippen hier, / o Jesu, du mein Leben. / Ich komme, bring und schenke dir, / was du mir hast gegeben. / Nimm hin, es ist mein Leib und Sinn, / Herz, Seel und Mut, nimm alles hin / und lass dir's wohl gefallen.

2. Du hast mit deiner Lieb erfüllt / mein Adern und Geblüte, / dein schöner Glanz, dein süßes Bild / liegt mir ganz im Gemüte. / Und wie mag es auch anders sein: / Wie könnt ich dich, mein Herzelein, / aus meinem Herzen lassen!

3. Da ich noch nicht geboren war, / da bist du mir geboren / und hast mich dir zu eigen gar, / eh ich dich kannt, erkoren. / Eh ich durch deine Hand gemacht, / da hast du schon bei dir bedacht, / wie du mein wolltest werden.

4. Ich lag in tiefster Todesnacht, / du warest meine Sonne, / die Sonne, die mir zugebracht / Licht, Leben, Freud und Wonne. / O Sonne, die das werte Licht / des Glaubens in mir zugericht', / wie schön sind deine Strahlen!

5. Ich sehe dich mit Freuden an / und kann mich nicht satt sehen; / und weil ich nun nichts weiter kann, / bleib ich anbetend stehen. / O dass mein Sinn ein Abgrund wär / und meine Seel ein weites Meer, / dass ich dich möchte fassen!

6. Vergönne mir, o Jesulein, / dass ich dein Mündlein küsse, / das Mündlein, das den süßen Wein, / auch Milch und Honigsüße / weit übertrifft in seiner Kraft; / es ist voll Labsal, Stärk und Saft, / der Mark und Bein erquicket.

7. Wann oft mein Herz im Leibe weint / und keinen Trost kann finden, / rufst du mir zu: »Ich bin dein Freund / und Tilger deiner Sünden. / Was trauerst du, o Bruder mein? / Du sollst ja guter Dinge sein, / ich zahle deine Schulden.«

8. Wer ist der Meister, der allhier / nach Würden aus kann streichen / die Händlein, so dies Kindlein mir / beginnet zuzureichen? / Der Schnee ist hell, die Milch ist weiß, / verlieren doch beid' ihren Preis, / wann diese Händlein blicken.

9. Wo nehm ich Weisheit und Verstand, / mit Lobe zu erhöhen / die Äuglein, die so unverwandt / nach mir gerichtet stehen? / Der volle Mond ist schön und klar, / schön ist der güldnen Sterne Schar, / dies' Äuglein ist viel schöner.

10. O dass doch so ein lieber Stern / soll in der Krippen liegen! / Für edle Kinder großer Herrn / gehören güldne Wiegen. / Ach Heu und Stroh ist viel zu schlecht, / Samt, Seide, Purpur wären recht, / dies Kindlein drauf zu legen!

11. Nehmt weg das Stroh, nehmt weg das Heu, / ich will mir Blumen holen, / dass meines Heilands Lager sei / auf lieblichen Violen; / mit Rosen, Nelken, Rosmarin / aus schönen Gärten will ich ihn / von oben her bestreuen.

12. Zur Seiten will ich hie und dar / viel weiße Lilien stecken, / die sollen seiner Äuglein Paar / im Schlafe sanft bedecken. / Doch liebt viel mehr das dürre Gras / dies Kindelein, als alles das, / was ich hier nenn und denke.

13. Du fragest nicht nach Lust der Welt / noch nach des Leibes Freuden; / du hast dich bei uns eingestellt, / an unsrer statt zu leiden, / suchst meiner Seele Herrlichkeit / durch Elend und Armseligkeit; / das will ich dir nicht wehren.

14. Eins aber, hoff ich, wirst du mir, / mein Heiland, nicht versagen: / dass ich dich möge für und für / in, bei und an mir tragen. / So lass mich doch dein Kripplein sein; / komm, komm und lege bei mir ein / dich und all deine Freuden.

15. Zwar sollt ich denken, wie gering / ich dich bewirten werde, / du bist der Schöpfer aller Ding, / ich bin nur Staub und Erde. / Doch bist du so ein frommer Gast, / dass du noch nie verschmähet hast / den, der dich gerne siehet.

Vom Wir zum Ich

Welch größere Ehre kann einem Dichter widerfahren, als dass einer seiner Texte – wenn auch nicht offiziell   zum Weltkulturerbe zählt? Paul Gerhardt ist der so hoch Geschätzte, und sein »O Haupt voll Blut und Wunden« findet sich in zahllosen Gesangbüchern und in verschiedenste Sprachen übersetzt. Die Lieder des 1607 geborenen lutherischen Dichters und Theologen werden noch immer gern und häufig (wenn auch nicht mehr in Vollständigkeit) gesungen und sind längst auch bei Katholiken heimisch geworden. Dabei scheint er uns heute so fern – seiner Lebensumstände wegen, die überschattet wurden vom Dreißigjährigen Krieg und dessen Folgen, von persönlichem Leid und auch von den theologischen Auseinandersetzungen seiner Zeit. Was Paul Gerhardt fühlte und glaubte, was er erlitt und erstritt, gehört, so scheint es, wirklich einer anderern Zeit an.

So nah und doch so fremd
Wie langsam auch sein Leben verlief! Erst mit 35 Jahren, in der Mitte seines Leben, trat er seine erste Stelle an – als Hauslehrer

und Aushilfsprediger in der Berliner Nicolaikirche. Es folgten ihr nur wenige andere, keine war von großer Bedeutung, an keiner blieb er auch allzu lange; volle drei Jahre war er sogar ohne Amt, weil er am lutherischen Bekenntnis, der so genannten Konkordienformel, festhielt, während der Große Kurfürst, Friedrich Wilhelm I., in Brandenburg den reformierten Glauben favorisierte. Er zählte 48 Jahre, als er heiratete; seine Braut war 16 Jahre jünger. Nur wenige gemeinsame Jahre waren ihnen beschieden, dann starb seine Frau. Von ihren fünf Kindern war ihm zu diesem Zeitpunkt nur noch ein Sohn geblieben, alle anderen schon in frühester Kindheit gestorben.

Ihm, dem letzten seiner Kinder, hinterließ er in seinem Testament, das er kurz vor seinem Tod aufsetzte, »an irdischen Gütern wenig«, wie er schrieb, dafür aber einen guten Namen und einige bemerkenswerte Lebensregeln: Im Glauben an der reinen Lehre festhalten und Synkretismus meiden; sich in Beruf und Amt nicht rasch erzürnen lassen, sondern darüber schweigen und beten; sich der Begierden und Lüste enthalten; den Menschen Gutes tun, vor allem denen, die es nicht vergelten können; den Geiz fliehen und genügsam sein. Das alles klingt nicht nach einer Erfolgsformel, eher befremdlich in einer Zeit, in der sich viele Menschen ihren Glauben aus verschiedenen Zutaten zusammenbrauen; in der es fast zum guten Ton gehört, schlecht übereinander zu sprechen; in der die Lust gesucht wird und Geiz geil ist...

Das kurze Testament gibt so auch Auskunft über das Wesen und das Lebensprogramm des Mannes, der scheinbar so wenig erreichte und doch bis heute so viele Menschen bewegt. In seinen 120 Liedern fand er eine schlichte und zugleich zu Herzen gehende Sprache. Obwohl Paul Gerhardt bereit war, für sein Einstehen in der lutherischen Lehre auch ärgste Nachteile in Kauf zu nehmen, ist der Ton seiner Lieder nicht der einer streitbaren Auseinandersetzung, sondern der Betrachtung.

Ich kann mich nicht satt sehen

Das Betrachten und Schauen Jesu, das Sich-Versenken in ihn durchzieht beide genannten großen Lieder als leitendes Motiv: Im Passionslied ist es das schmerzerfüllte Antlitz, das alle seine Schönheit verloren hat, im Weihnachtslied das überirdisch schöne Kind, sein Gesicht und seine Hände, die vor Augen des Betrachters stehen. Schauen, immerzu schauen, seine Augen auf die Weide führen, um Jesus ganz und gar erfassen zu können: »Ich sehe dich mit Freuden an / und kann mich nicht satt sehen.« Wie ein trockener Schwamm nimmt der Schauende alles in sich auf: »O dass mein Sinn ein Abgrund wär / und meine Seel ein weites Meer, / dass ich dich möchte fassen!« Die Sprache sucht kosende Worte, streichelt Händlein, Mündlein, Äuglein – es ist die Sprache der Liebenden, die sich auch ihrer Liebe gegenseitig versichern: »Du hast mit deiner Lieb erfüllt / mein Adern und Geblüte ... Und wie mag es auch anders sein: / Wie könnt ich dich, mein Herzelein, / aus meinem Herzen lassen?!«

Beide Lieder lassen sich vor dem Hintergrund der so genannten *devotio moderna* verstehen, einer Frömmigkeitsbewegung, die am Ende des 14. Jahrhunderts einsetzte und gegenüber der mehr auf objektive Bindung eingestellten religiösen Haltung des Mittelalters, die auf eine persönliche und innerliche Frömmigkeit zielte. Ihre Nahrung fand diese Frömmigkeit Gerhardts auch in älteren Andachtsbüchern, sodass auch über ihn die mittelalterliche Mystik den Menschen neu vermittelt wurde und bis heute wird. Als geistlicher Hintergrund seines Weihnachtsliedes »Ich steh an deiner Krippen hier« wurde eine Andachtsschrift vermutet, die den Titel trägt »Gespräch des greisen Hieronymus mit dem Kindlein in der Krippe«. Sie war auch Martin Luther geläufig und stammt wohl aus dem späten Mittelalter, ihr Verfasser ist nicht bekannt – Hieronymus war es sicher nicht; da dieser die Krippe in Betlehem kannte und in seinen Schriften nannte, mögen diese Sätze ihm zugeschrieben worden sein. In diesem Gespräch geht es darum, dass der greise Kirchenvater dem Kinde etwas schenken möchte, da es doch um seiner Seligkeit willen so hart in der Krippe liegt. Aber das Kind nimmt nichts von ihm an – außer der Sünde, das böse Gewissen und die Verdammnis: »Da fange ich an, bitterlich zu weinen und sage: ›Kindlein, liebes Kindlein, wie hast du mir das Herz gerührt! Ich dachte, du wolltest was Gutes haben, so willst du alles, was bei mir böse ist, haben. Nimm hin, was mein ist! Gib mir, was dein ist! So bin ich der Sünde los und des ewigen Lebens gewiss!‹«

So findet sich auch bei Gerhardt das Zwiegespräch, in dem das Kindlein, das der ewige Gott ist, den Anbetenden tröstet – wodurch auch der Gedanke der Rechtfertigung des Sünders in diesem Lied Platz findet: »Wann oft mein Herz im Leibe weint / und keinen Trost kann finden, / rufst du mir zu: ›Ich bin dein Freund, / und Tilger deiner Sünden. / Was trauerst du, o Bruder mein? / Du sollst ja guter Dinge sein, / ich zahle deine Schulden.‹«

Braut und Bräutigam

Meditationstexte und Erbauungsschriften waren auch in reformatorischen Kreisen im 17. Jahrhundert keine Seltenheit; ja, gerade im Jahrhundert nach der Reformation mit den langen und ermüdenden Auseinandersetzungen um die rechte Lehre konnte sich die neue Frömmigkeitsbewegung, anknüpfend an die vorreformatorische katholische Mystik, in weiten Kreisen verbreiten. Die protestantische Erbauungsmystik sieht in der bräutlichen Vereinigung des Einzelnen mit Christus ihr höchstes Erleben; in besonderer Weise hat Philipp Nicolai in seinem Lied »Wie schön leuchtet der Morgenstern« diesem Braut- und Bräutigamsmotiv Ausdruck verliehen. Prediger und Dichter tragen diese Gedanken weiter, in

Paul Gerhardt erhält die Epoche der lutherischen Orthodoxie und der Mystik ihren klassischen Liederdichter.

Auf katholischer Seite ist es der Jesuit Friedrich Spee, der in ähnlicher Weise die Beziehung zwischen dem Kind in der Krippe und dem gläubigen Betrachter ausspricht; in seinem mit »Hertzopffer« überschriebenem Lied »Zu Betlehem geboren« von 1637/38 heißt es:

(2) In seine Lieb versenken / will ich mich ganz hinab; / mein Herz will ich ihm schenken / und alles, was ich hab: / Eia, eia, und alles, was ich hab.

(3) O Kindelein, von Herzen / will ich dich lieben sehr: / in Freuden und in Schmerzen / je länger, mehr und mehr. / Eia, eia, je länger mehr und mehr.

(6) Lass mich nicht von dir scheiden, / knüpf zu, knüpf zu das Band: / Die Liebe zwischen beiden / nimmt hin mein Herz zu Pfand. / Eia, eia, nimmt hin mein Herz zu Pfand.«

Vom Wir zum Ich

Das Andere und Besondere dieser weihnachtlichen Lieder, ist: An die Stelle des gemeindlichen »Wir« tritt immer mehr das personale »Ich«. Das Leben und Wirken Christi, auch seine Geburt, haben nicht nur Bedeutung für die Gläubigen als Gemeinschaft, sondern auch und gerade für jede einzelne Seele. Unübertroffen hat dies Angelus Silesius, der zeitgleich zu Paul Gerhardt lebte, in sein bekanntes Sinn-Wort gefasst: »Und wäre Jesus tausendmal in Betlehem geboren und nicht in dir – du bliebest dennoch ewiglich verloren.« Und deshalb ist die Geburt Jesu kein damaliges und einmaliges Geschehen, sondern ereignet sich immer neu und in mir – ja *für* mich ganz persönlich: »Da ich noch nicht geboren war, / da bist du mir geboren…«

So ist es nur konsequent, dass Gerhardt am Ende darum bittet, selbst das Kripplein sein zu dürfen, in das sich der Heiland legt – ein Gedanke, eine Bitte, die nicht nur bei ihm anklingt. Auch Angelus Silesius dichtete: »Ach, könnte nur dein Herz zu einer Krippe werden! / Gott würde noch einmal ein Kind auf dieser Erden!« Doch wahrscheinlich hat Gerhardt sich von Martin Luther inspirieren lassen, der am Ende seines Weihnachtsliedes »Vom Himmel hoch« das »herzliebe Jesulein« bittet: »Mach dir ein rein sanft Bettelein, / zu ruhen in mein's Herzens Schrein, / dass ich nimmer vergesse dein.« Auch an manchen anderen Stellen klingt dieses Lied durch, bisweilen sogar wörtlich.

Es ist vielleicht diese Wendung ins Persönliche, die Gerhardts Weihnachtslieder überzeitlich machen: Selbst das Motiv der Sonne, für die Entstehung wie auch Theologie des Weihnachtsfestes konstitutiv, wird bei ihm zum Ausdruck einer persönlichen Christusbeziehung: »Ich lag in tiefster Todesnacht, / du warest meine Sonne, / die Sonne, die mir zugebracht / Licht, Leben, Freud und Wonne.« Diese innige Beziehung eben war es, die die Dunkelheiten seines Lebens hell und ihn selbst froh machte. Aus seinen Liedern spricht eine Freude, die ihren Grund in der inneren Gewissheit hat, dass Christus geboren wurde, um uns »aus dem Leid in Himmels Freud« zu heben, wie es in einem anderen seiner Lieder heißt. Und nicht nur uns, sondern auch dich und mich ganz persönlich.

Ihr Kinderlein, kommet
Christoph von Schmid (1811)

Ihr Kinderlein, kommet, o kommet doch all'!
Zur Krippe her kommet in Betlehems Stall,
und seht, was in dieser hochheiligen Nacht
der Vater im Himmel für Freude uns macht.

2. O seht in der Krippe, im nächtlichen Stall,
seht hier bei des Lichtleins hellglänzendem Strahl,
in reinlichen Windeln das himmlische Kind,
viel schöner und holder als Engel es sind.

3. Da liegt es – ach Kinder! – auf Heu und auf Stroh;
Maria und Joseph betrachten es froh;
die redlichen Hirten knien betend davor,
hoch oben schwebt jubelnd der Engelein Chor.

4. Manch Hirtenkind trägt wohl mit freudigem Sinn,
Milch, Butter und Honig nach Betlehem hin;
ein Körblein voll Früchte, das purpurrot glänzt,
ein schneeweißes Lämmlein mit Blumen bekränzt.

5. O betet: Du liebes, du göttliches Kind
was leidest du alles für unsere Sünd'!
Ach hier in der Krippe schon Armut und Not,
am Kreuze dort gar noch den bitteren Tod.

6. O beugt wie die Hirten anbetend die Knie,
erhebet die Händlein und danket wie sie!
Stimmt freudig, ihr Kinder, wer sollt sich nicht freun,
stimmt freudig zum Jubel der Engel mit ein!

7. Was geben wir Kinder, was schenken wir dir,
du Bestes und Liebstes der Kinder, dafür?
Nichts willst du von Schätzen und Freuden der Welt –
ein Herz nur voll Unschuld allein dir gefällt.

8. So nimm unsre Herzen zum Opfer denn hin;
wir geben sie gerne mit fröhlichem Sinn –
und mache sie heilig und selig wie dein's,
und mach sie auf ewig mit deinem nur eins.

Vom Schauen zum Beten

»Lebhaft erinnere ich mich noch heute der uralten, bestehenden Gebräuche in meiner Vaterstadt. Sie machten auf mein kindliches Gemüt einen unauslöschlichen Eindruck und erweckten gleichfalls fromme Gefühle in mir. So wurde in einem Seitengange der katholischen Pfarrkirche zur Weihnachtszeit jedes Mal eine Krippe errichtet. Der eifrige Stadtpfarrer Grasmeier ließ sie, da wir Kinder eben älter wurden, erneuern und prächtig ausstatten. Das Ganze stellte eine angenehme Landschaft vor, einen breiten Berg mit vielen Absätzen und Seitenwegen und zuoberst die Stadt Betlehem; unten war eine große Felsenhöhle, in der Christus geboren wurde, und das umgebende Tal zu sehen. Die Personen waren zwar angekleidet, jedoch mit Geschmack. Köpfe und Hände waren von einem trefflichen Bildhauer ganz nach der Kunst gearbeitet und von einem ebenso kunstreichen Maler übermalt. Die ganze Jugendgeschichte Jesu wurde so nach und nach vorgestellt. Das Kind Jesus in der Krippe, Maria und Joseph und dabei die anbetenden Hirten, die Heiligen Drei Könige, die Flucht nach Ägypten und zuletzt der zwölfjährige Jesus im Tempel.

Die Anordnung der Szenen war einem in seiner Art sinnreichen Manne anvertraut, der fast täglich eine Veränderung anzubringen wusste, womit er die Zwischenbegebenheiten der Hauptgeschichten ausfüllte. Am Abend vor der heiligen Nacht zum Beispiel war der Stall noch leer, und zwei Engel waren da und kehrten die Spinnengewebe ab; in der heiligen Nacht erblickte man das Kind Jesu, Maria und Joseph in der Felsenhöhle und seitwärts die Engel und die Hirten; am Tage selbst waren indessen die Hirten herbeigekommen, das göttliche Kind anzubeten; in der Folge sah man Hirtenknaben und Hirtenmädchen mit ländlichen Geschenken, einem Lamm oder einem Paar Täubchen, mit Eiern oder Früchten der Krippe zueilen. Bevor die Heiligen Drei Könige kamen, ließen sich die Vorreiter und Läufer sehen; hierauf erschienen die Heiligen Könige alle drei zu Pferd; endlich waren sie dargestellt kniend vor dem göttlichen Kinde und ihre Geschenke überreichend; ihr zahlreiches Gefolge füllte das ganze Tal umher. Ich bin zu keiner Stunde des Tages durch die Kirche gegangen, ohne dass ich Leute, besonders Mütter und Kinder sowohl katholischer als evangelischer Konfession vor der Krippe stehend bemerkt hätte.«

So beschrieb der langjährige Augsburger Domkapitular und zu seiner Zeit bekannte und erfolgreiche Autor religiöser Kinder- und Jugendschriften Christoph von Schmid (1768–1854) in dem posthum erschienenen dritten Band seiner Lebenserinnerungen die Krippe in der Stadtpfarrkirche St. Georg in Dinkelsbühl. Diese Krippenlandschaft, die der von ihm genannte Stadtpfarrer im letzten Viertel des 18. Jahrhunderts restaurieren ließ, ist heute nicht mehr vorhanden, doch durch die farbige Beschreibung erscheint sie auch uns deutlich vor Augen. Bemerkenswert an ihr ist zum einen, dass sie eine Felsenhöhle als Geburtsort Jesu zeigte. Zum andern stellte der Aufbau nicht nur Jesu Geburt in Betlehem nach, sondern seine

ganze Kindheit, die in den Texten der Liturgie dieser weihnachtlichen Tage verkündet wird. Dabei nahm »ein sinnrei-
cher Mann« offensichtlich die Veränderungen entsprechend
der Liturgiefeier vor: In der Weihnachtsnacht, wenn im Evangelium von der Verkündigung der Geburt durch die Engel an
die Hirten gelesen wird, steht diese Szene im Mittelpunkt; entsprechend dem Evangelium der Messe am Morgen sind es die
Hirten, die zur Krippe eilen etc. Die Darstellung der einzelnen
Personen ist überaus detailliert, sodass die schon damals zahl-
reichen Krippenbesucher ihre Freude an der Betrachtung der
Einzelheiten hatten. Nicht zuletzt aber verdanken wir dieser
Beschreibung der Krippe im Münster seiner Geburtsstadt
Dinkelsbühl einen Hinweis darauf, dass von Schmid wohl sie
vor Augen hatte, als er sein Lied »Ihr Kinderlein, kommet«
verfasste.

Die Dinkelsbühler Krippe vor Augen
Der Text dieses Liedes soll 1795 in der Kapelle »Maria
Schnee« in Nassenbeuren bei Mindelheim entstanden sein,
wo von Schmid seine erste Kaplansstelle innehatte. In Druck
erschienen ist er aber erst 1811 in einem anonym herausgege-
benen Gesangbuch; 1818 nahm ihn der inzwischen als Erzäh-
ler zu Ruhm gekommene Pfarrer von Oberstadion (Schwaben)
in seine der Münchener Schuljugend zugedachte Sammlung
»Blüthen, dem blühenden Alter gewidmet« auf, wo es die Vor-
lage für verschiedene Vertonungen bildete, unter denen dieje-
nige von Abraham Peter Schulz sich schließlich durchsetzte, in
der das Lied noch heute gesungen wird.

Acht Strophen hat dieses Gedicht, das in den ersten vier
eine Krippenlandschaft schildert, wie sie von Schmid auch in
seinen Erinnerungen an Dinkelsbühl beschrieben hat. Die
dort genannten Hirtenknaben und Hirtenmädchen, die »mit
ländlichen Geschenken, einem Lamm oder einem Paar Täub-

chen, mit Eiern oder Früchten der Krippe zueilen« tauchen so auch in dem Lied auf, wenn es in der 4. Strophe heißt: »Manch Hirtenkind trägt wohl mit freudigem Sinn, / Milch, Butter und Honig nach Betlehem hin; / ein Körblein voll Früchte, das purpurrot glänzt, / ein schneeweißes Lämmlein mit Blumen bekränzt.«

Doch interessant ist dieses Lied nicht nur, weil es uns gewissermaßen heute noch einen Blick auf die einstige prächtige Krippe in dem noch immer mittelalterlich anmutenden Städtchen Dinkelsbühl gewährt; es stellt vielmehr ungewollt und ohne hohen theologischen Anspruch die Bedeutung einer Krippe für den gottesdienstlichen Raum wie die häusliche Feier zuhause heraus.

Frömmigkeit vor der Krippe

Auch wenn die Weihnachtskrippe uns heute selbstverständlich erscheint, ist sie als eine figürliche Darstellung des verkündeten Geschehens doch erst nach und nach zum Gottesdienst hinzugekommen. In den Raum der Kirche gelangte sie zunächst unter der besonderen Situation der Gegenreformation; eine erste Kirchenkrippe wird 1560 in Portugal erwähnt. Unter der Anleitung der volksmissionarisch wirkenden Jesuiten wurden vielerorts »Praesepen« (Krippen) aufgestellt. Ihr Sinn war es, die Botschaft des Evangeliums im wahrsten Sinne des Wortes anschaulich zu präsentieren.

Später wurde sie sogar in die Liturgie der Heiligen Nacht mit einbezogen: So gab es den teilweise auch diözesan geregelten Ritus einer »Krippenlegung«, die vor der Mitternachtsmesse stattfand. Dabei zog der Priester mit einer Figur des Jesuskindes von hinten in die Kirche ein; an drei Stationen (Portal, Kirchenmitte und Stufen des Chorraums) wurde jeweils intoniert: »Ehre sei Gott in der Höhe«, worauf die Gemeinde antwortete: »Und Friede den Menschen auf Erden, die eines guten Willens sind.« Bei der dritten Station legte der Priester das Jesuskind in die Krippe; diese wurde dann mit Weihrauch inzensiert. Nach Verkündigung des Evangeliums (auf Deutsch) kniete er nieder und betete die Oration dieser Messe (ebenfalls auf Deutsch). Danach verehrten die Kinder das Kind in der Krippe – wobei auch das »Ihr Kinderlein, kommet« gesungen werden konnte. Erst danach begann die eigentliche Christmette, die selbstverständlich in lateinischer Sprache gefeiert wurde.

Auch in die häusliche Heiligabend-Feier war und ist die Krippe eingebunden; da diese häufig vor der Krippe stattfindet, nennt man sie auch »Krippenfeier«. Schriftlesung, Gebete und Lieder, das Entzünden von Kerzen, Anbetung – womöglich sogar im Knien: Diese Elemente wurden und werden teilweise heute noch für eine familiäre Krippenfeier in vielen Büchern und Hilfen zur Feier des Heiligen Abends angeboten.

Auch von Schmid fordert in seinem Lied die Kinder zu einer Andacht an der Krippe auf. Ob er dabei an eine konkrete gottesdienstliche Form gedacht hat, lässt sich nicht daraus ablesen. Er will wohl mit seinen Worten eher deutlich machen, dass die Krippe nicht nur eine figürliche Darstellung ist, deren Kunstfertigkeit in der Herstellung und Aufstellung bewundert werden kann. Sie ist ein Objekt der Frömmigkeit ähnlich den heiligen Bildern und Figuren in der Kirche. Kniebeuge und gefaltete Hände – typisch katholische Ausdruckformen der Anbetung – sollen das Gebet der Kinder begleiten, wie er in seinem Lied auch auffordert.

Herzopfer

Das Gebet mündet schließlich in die Frage nach der Gabe, die dem Kind in der Krippe gebracht werden kann. Der Gedanke an ein Geschenk für das neugeborene Kind ist alt; er begegnet in den ostkirchlichen Hymnen ebenso wie in den weihnachtlich-barocken Hirtenliedern und den Gesängen, die den Besuch der Weisen an der Krippe zum Inhalt haben. Möglicherweise ist er auch von der Nennung ihrer drei Gaben Gold, Weihrauch und Myrrhe bei Matthäus beeinflusst; der Blick jedenfalls auf diese unübertroffen reichen Gaben lässt nach dem eigenen passenden Geschenk fragen. In seinem bekannten Lied »Drei Kön'ge wandern aus Morgenland« rät daher der Texter und Komponist Peter Cornelius zum Schluss: »Schenk ihm dein Herz!« Jedes wirkliche Geschenk will eigentlich nur Ausdruck einer Beziehung sein, sodass es letztlich die Liebe selbst ist, die das größte und eigentliche Geschenk darstellt: »In seine Lieb versenken / will ich mich ganz hinab, / mein Herz will ich ihm schenken / und alles, was ich hab ...«, dichtete Friedrich Spee in seinem Lied »Zu Betlehem geboren«, das er selbst mit dem Wort »Hertzopffer« übertitelt hat.

Und ähnlich drückt es auch von Schmid in seinem Lied aus; keine Schätze, keine Freuden der Welt können wirklich an das Geschenk eines demütigen und liebenden Herzens heranreichen: »So nimm unsre Herzen zum Opfer denn hin ...« Es erscheint als die adäquate Antwort auf die Hingabe Jesu in den Tod am Kreuz.

Biedermeierlich verkannt

Mit solchen Gedanken und Worten hatten offensichtlich verschiedene Herausgeber von Liedersammlungen schon früher ihre Probleme, sodass von Schmids Lied oft gekürzt erschien, manchmal sogar auf die ersten drei Strophen reduziert wurde. Dann bleibt allerdings nur ein für heutige Ohren sentimentales Lied übrig, biedermeierlich im schlechtesten Sinn. Es ist bezeichnend, dass diese drei ersten Strophen als Grundlage zu einer Parodie auf die familiäre Weihnachtsfeier dienten, bei der zwischen den Zeilen dieses Liedes immer wieder Ermahnungen an die Kinder eingestreut sind:

»Ihr Kinderlein, kommet, o kommet doch all',
zur Krippe her kommet in Betlehems Stall
Pst!
Und seht, was in dieser hochheiligen Nacht
Ruhe! Könnt ihr nicht mitsingen?
Der Vater im Himmel
Na wirds bald?!
Für Freude uns macht ...«

Wie freilich das demütige Herz, dem Heiland geweiht, nach und nach zur frommen und dankbaren Haltung am Weihnachtsabend gegenüber den Eltern umgewandelt wurde, das ist wieder eine andere Geschichte. Christoph von Schmids Lied ist jedenfalls weit davon entfernt; ihm geht es noch darum, die Kinder – und nicht nur sie – an Weihnachten vom Schauen zum Beten zu führen.

Nun schmücken wir den Weihnachtsbaum

Siegfried Macht (1990)

1. Nun schmücken wir den Weihnachtsbaum
und wolln es uns erzählen,
warum wir ihm fürs grüne Kleid
noch manchen Schmuck erwählen.

2. Zur Krippe hat der Stern geführt:
Wir setzen ihn zum Lohne
ganz oben, wo ihn jeder sieht,
dem Christbaum in die Krone.

3. Geschenke brachten für das Kind
die weitgereisten Gäste:
Wir hängen dafür Kugeln auf,
ganz bunte, in die Äste.

4. Und da nun wieder offensteht
das Paradies für jeden,
gibt es auch Äpfel in dem Baum,
wie einst im Garten Eden.

5. Mit Jesus kam ein Freudenstrahl,
ein Licht, in dunkle Zeiten.
Drum zünden wir die Kerzen an,
man sieht es schon von Weitem.

6. Gott hat sich zum Geschenk gemacht:
Das wolln wir stets bedenken,
wenn wir uns unterm Weihnachtsbaum
wie jedes Jahr beschenken.

Wie Weihnachten zum Christbaum kam

Verdanken wir Martin Luther den Weihnachtsbaum? Es gibt einen berühmten Stahlstich (siehe Seite 72), der den Reformator am Christabend des Jahres 1536 zu Wittenberg im Kreis seiner Familie und Freunde zeigt: Martin Luther, mit der Laute in der Hand, sitzt am Tisch, auf dem der geschmückte Christbaum steht; neben ihm sitzt seine Frau, Katharina von Bora, mit der knapp zwei Jahre alten Tochter Margarete auf dem Schoß; auch der dreijährige Paul, die sieben Jahre alte Magdalena und der zehnjährige Johannes sind um den Baum versammelt. Im Raum befinden sich noch eine Verwandte von Katharina Bora (Muhme Lehne), Philipp Melanchthon sowie der Wittenberger Kantor Johannes Walter (der auf späteren Bildern dieser Szene fortgelassen wird). Eine familiäre Weihnachtsidylle, die durch unzählige von diesem Stich Carl August Schwerdgeburths aus dem Jahr 1843 angeregte Bilder verbreitet wurde. Und nicht nur Bilder, auch Lieder, Schauspiele und Romane trugen zu dieser Ansicht bei, die noch konkretisiert wurde, etwa dahingehend, dass Luthers Töchterlein Magdalena ihn durch ein in den Raum getragenes und mit Tannenreis umflochtenes Holzgestell mit fünf Kerzen erst auf den Gedanken gebracht habe, den »lieben Deutschen« ein Lichterbäumlein für jedes Haus nahezubringen.

Leider ist an der Geschichtlichkeit dieser Darstellung und Ansicht, Luther habe bereits einen Christbaum gekannt, ja, ihn womöglich sogar eingeführt, nichts dran, weil es nämlich zu seiner Zeit noch keinen Weihnachtsbaum gab. Es sollte noch einige Zeit dauern, bis er tatsächlich in jedem Haus stand, nicht einmal in der Mitte des 19. Jahrhunderts, da Schwerdgeburth seinen Stahlstich anfertigte, war dies der Fall, obwohl der Baum schon länger bekannt war.

Viele Wurzeln

Woher kommt aber dann der Weihnachtsbaum? So einfach lässt sich das nicht sagen, denn in ihm finden sich mehrere Phänomene: die Lichter, der Baum bzw. ein Gestell für Lichter, der Schmuck, das Grün. Letzteres reicht als Schmuck zur Zeit des Jahreswechsels bis in die Antike zurück; bereits die Römer pflegten zu den Kalenden ihre Häuser mit Lorbeer zu schmücken. Grüne Zweige hatten (und haben) in der Winterzeit eine lange und lebendige Tradition, auch als »Weihnachtsmaien« (Maien = Busch, Strauß). Bäume wiederum begegnen als so genannte »Lose(n)bäume«, um die herum sich das junge Volk an Weihnachten vergnügte. Aber auch das sind noch keine Weihnachtsbäume in unserem Sinn. Deren Geschichte beginnt im 16. Jahrhundert in den Zunftstuben, wo sie mit Äpfeln und Oblaten, Nüssen und Brezeln u.a. geschmückt waren, die die Kinder an Weihnachten oder auch an Epiphanie »plündern« konnten. Von Kerzen ist in diesem Zusammenhang noch nicht die Rede, auch nicht von der Familie. Wohl erst Ende des 16. Jahrhunderts wird der Baumbrauch aus den Zunftstuben in die Häuser getragen und verbreitet sich dort allmählich. Die Lichter kommen noch später zum Schmuck dieses Baumes hinzu; 1708 nennt Liselotte von der Pfalz aus ihrer Jugend den Brauch, Buchsbäume auf die Tische zu stellen und an den Zweigen Kerzen zu befestigen. So sind es auch im 18. Jahrhundert noch hauptsächlich der Adel und die gehobenen städtischen Schichten, die den Christbaum kennen. Neben dem mit Lichtern geschmückten Tannenbaum gab es lange Zeit, teilweise bis heute, verschiedene Holzgestelle, die Kerzen trugen: Klausenbäume, Reifenbäume, Pyramiden.

Die Einführung des Christbaumes in den nicht-bürgerlichen Schichten geschah nicht zwangsläufig und bisweilen auch nicht ohne Widerstand; der soziale Unterschied verhinderte die selbstverständliche Übernahme des vermeintlich oder tatsächlich oberschichtlichen Brauches einer Gegend. Der deutsch-französische Krieg 1870/71 brachte eine erste allgemeinere Verbreitung des Christbaumes als *des* deutschen Weihnachtssymbols mit sich, mehr noch der Erste Weltkrieg, der Männer aus den verschiedenen deutschen Gegenden mehrere Jahre zusammenführte und mischte, sodass ein recht intensiver Austausch über Gepflogenheiten und Bräuche stattfinden konnte. Auch katholischerseits war der Christbaum zunächst verpönt; als das katholische Weihnachtssymbol in den Familien galt vielfach die Krippe. »Lutheranisch-Fremd-Städtisch«: So wurde der Christbaum empfunden. Die irrige Annahme, Luther sei der »Vater des Weihnachtsbaumes«, mag dazu beigetragen haben; der Protestantismus wurde sogar abfällig als »Tannenbaum-Religion« bezeichnet. Bis in das 20. Jahrhundert hinein war der Christbaum in katholischen Gegenden wenig verbreitet und wurde teilweise auch von der Geistlichkeit bekämpft.

Der Paradiesesbaum

Das eingangs genannte Bild mag wesentlich zu dieser Einschätzung beigetragen haben. Veranlasst war es von Karl Reinthaler, dem Leiter des Martinsstiftes in Erfurt, der ein Weihnachtsbüchlein mit dem Titel »Adam und Christus« herausgab. Das Titelbild zeigte Schwerdgeburths Darstellung Luthers – nicht ohne Grund: Ein Text dieses Büchleins nimmt nämlich Bezug auf einen Brief, den Martin Luther 1530 an seinen vierjährigen Sohn Hans geschrieben hat und in dem er ihm den Paradiesesgarten schildert. Ein Lied dieses Büchleins schildert den Paradiesesbaum; mit ihm wird der Christbaum verglichen und besungen:

1. Es wuchs ein Baum im Paradies, / von Blüthen schön, von Früchten süß, / versprach der Klugheit Überfluss; / doch bitter war sein Nachgenuss.

2. Es stand ein Baum auf Golgatha, / den jedermann mit Schrecken sah, / daran der Heiland aller Welt / sich als den Bürgen dargestellt.

3. Der Baum der Süßigkeit und Pracht / hat Elend und den Tod gebracht; / der Baum des Todes hat der Welt / das Leben wieder hergestellt.

4. Was Adam dort in irrem Traum / verfehlet hat, den Lebensbaum, / verführet von der Sinnen Reiz, / in solchen wandelt sich das Kreuz.

5. Nun schauet, Gottes Kindlein, hier, / am Christbaum, seine Lichter Zier: / Er stellt das Licht und Leben dar, / das dort im Lebensbaume war.

6. Nun schauet an der Früchte Lust: / Sie zeigen, was, uns unbewusst, / in Gottes Paradiese reift, / wann uns des Todes Arm ergreift.

7. Drum sei dir Preis, Herr Jesu Christ, / dass du der Pflanzer worden bist! / Willst selber unser Leben sein / im neuen Paradieses Schein.

Die Deutung des Christbaums auf den Paradiesesbaum ist aber schon älter; sie geschah mittels des Schmucks. Die ersten Hinweise auf einen Brauch des Weihnachtsbaumes vom Ende des 16. und Anfang des 17. Jahrhunderts nennen unter anderem Äpfel und Oblaten. Die Äpfel werden gern im Zusammenhang der Deutung des Christbaums als Paradiesesbaum verstanden und sollen auf den inneren Zusammenhang von Sündenfall und Erlösung durch die Geburt Christi hinweisen. Die Glaskugeln wären demnach stilisierte Äpfel, die erstmals von lothringischen Glasbläsern angefertigt worden seien. »Die Oblaten, die am Baum hingen, sind wohl als Sinnbild der

Eucharistie verstanden worden, die wir als Frucht der Erlösung statt des biblischen Apfels essen« (Hermann Kirchhoff). Sie machen den Weihnachtsbaum damit zum »Lebensbaum«, der im letzten biblischen Buch, der Offenbarung, genannt wird (Offb 22,2 f.).

Möglicherweise aber stand vor all dieser frommen Deutung der Gedanke, den Baum mit Naschwerk und Obst zu schmücken, das (von den Kindern) beim »Plündern« auch verzehrt werden konnte. Dazu zählten neben den Äpfeln und Nüssen auch Feigen, Zwetschgenmännlein, Zuckerwerk, Lebkuchenherzen und natürlich vielfältiges Weihnachtsgebäck (»Springerle«).

Schmücken und deuten

Otto Schlißke hat in einem vielfach aufgelegten Büchlein über die Advents- und Weihnachtsbräuche versucht, den einzelnen Schmuckelementen eine geistliche Bedeutung zu geben. So versinnbilden für ihn die bunten Kugeln und das flimmernde Glaswerk die Kostbarkeiten, die dem Kind in der Krippe gebühren; Verkündigungsengel und Stern haben ihren Sinn von der biblischen Weihnachtsgeschichte her, das Engelshaar ist ein schwacher Schimmer des himmlischen Reiches. Die Papierketten (Girlanden) sollen davon künden, dass durch das Geschehen der Heiligen Nacht die Ketten der Schuld von uns genommen sind, die Christrosen, mit denen mancherorts auch der Baum geschmückt wird, verweisen auf die Wurzel Jesse, aus der eine Rose blühte.

Solche Deutungen finden während der Feier selbst – wenn überhaupt – vorwiegend in gesungener Form statt. Entstanden sind solche Lieder vor allem im 19. Jahrhundert, als der Christbaum Einzug in die Familien hielt. Zu ihnen zählen »Der Christbaum ist der schönste Baum« von 1842, das bekannte »O Tannenbaum« von Ernst Anschütz (1824), in dem das Grün des Baumes ein Zeichen für Hoffnung und Beständigkeit ist. Ein weiteres bekanntes Lied ist »Am Weihnachtsbaum die Lichter brennen« von 1841, das den Baum, ohne die Christgeburt zu nennen, ausdeutet: »Wollt in mir erkennen getreuer Hoffnung stilles Bild.«

Eine gewisse Verflachung im Verständnis dieses Baumes ist bei diesen Liedern nicht zu übersehen. Er ist zu dieser Zeit weihnachtlicher Raumschmuck ebenso wie Zentrum der familiären Feier, dem sich die Aufmerksamkeit aller zuwendet. Nach und nach wurde er in die Feier des Heiligabends mit rituellem Entzünden und Präsentieren eingebunden.

Insofern kann man Reinthalers Lied vom Paradiesesbaum wie auch Schwerdgeburths Darstellung der Familie Luthers um den Weihnachtsbaum auch als bewussten Versuch sehen, diesem äußerlichen Schmuckelement eine innere Bedeutung beizugeben. In jüngerer Zeit hat dies Siegfried Macht versucht; sein Lied »Nun schmücken wir den Weihnachtsbaum« findet sich in verschiedenen Liederbüchern – ein trotziger Versuch, der abgestorben scheinenden Baumdeutung neues Leben einzuhauchen. Möge er gelingen!

Stille Nacht, heilige Nacht
Joseph Mohr / Franz Xaver Gruber (1816/18)

1. Stille Nacht! Heilige Nacht!
Alles schläft. Eynsam wacht
Nur das traute heilige Paar.
Holder Knab' im lockigten Haar,
Schlafe in himmlischer Ruh!
Schlafe in himmlischer Ruh!

2. Stille Nacht! Heilige Nacht!
Gottes Sohn! O! wie lacht
Lieb' aus deinem göttlichen Mund,
Da uns schlägt die rettende Stund'.
Jesus! in deiner Geburt!
Jesus! in deiner Geburt!

3. Stille Nacht! Heilige Nacht!
Die der Welt Heil gebracht,
Aus des Himmels goldenen Höh'n
Uns der Gnade Fülle läßt seh'n
Jesum in Menschengestalt!
Jesum in Menschengestalt!

4. Stille Nacht! Heilige Nacht!
Wo sich heut alle Macht
Väterlicher Liebe ergoß
Und als Bruder huldvoll umschloß
Jesus die Völker der Welt!
Jesus die Völker der Welt!

5. Stille Nacht! Heilige Nacht!
Lange schon uns bedacht,
Als der Herr vom Grimme befreyt,
In der Väter urgrauer Zeit
Aller Welt Schonung verhieß!
Aller Welt Schonung verhieß!

6. Stille Nacht! Heilige Nacht!
Hirten erst kundgemacht
Durch der Engel »Halleluja!«
Tönt es laut bey Ferne und Nah:
»Jesus der Retter ist da!«
»Jesus der Retter ist da!«

Ein Lied geht um die Welt

Was ist nicht alles über dieses Lied schon erzählt und geschrieben worden: Wie es am Abend des 24. Dezember 1818 entstand und noch in derselben Nacht zur Aufführung gelangte; wie es seinen Weg aus Tirol in die Welt nahm und zum bekanntesten und beliebtesten Weihnachtslied wurde. Kein anderes Lied drückt so sehr die ganze liebe-leidige Heiligabend-Stimmung der deutschen Weihnacht aus, wurde daher auch so oft parodiert: Schrille Nacht, eilige Nacht...

Kein anderes Weihnachtslied auch spaltet so sehr Gemeinden, Musiker und Theologen in Befürworter und Kritiker. Man hat versucht, »Stille Nacht« als weihnachtliches Gegenstück zum Lobpreis der Osternacht »Exsultet« hochzustilisieren – was es definitiv nicht ist. Im Gegenzug wurde dem Lied jede wirkliche Tiefe und Aussage zur Weihnachtsbotschaft abgesprochen, was auch nicht richtig ist. Der Streit um das Lied ist alt; schon vor über hundert Jahren prallten die Mei-

Weihnachtslied.

O du fröhliche,
O du selige,
Gnaden bringende Weihnachtszeit!
Welt ging verloren,
Christ ist geboren:
Freue, freue dich, o Christenheit!

*Der Holzschnitt nach Ludwig Richter drückt nur noch die scheinbare
Romantik der Geburt Christi aus.*

nungen für und wider aufeinander – und jedes Jahr neu erhebt sich in mancher Gemeinde die Frage, ob und wo dem Lied ein Platz unter den Gesängen der weihnachtlichen Liturgie eingeräumt werden kann.

Das Problem scheint zu sein, dass »Stille Nacht« so sehr von dem ihm angefügten Etikett des Gefühlsduseligen verdeckt ist, dass darunter seine wirkliche Aussage kaum mehr wahrgenommen wird. Die ist nämlich durchaus ganz und gar biblisch und verdient es, erschlossen zu werden – vor allem in der ursprünglichen sechsstrophigen Fassung. Denn auch das trug zum Missverständnis und zum Missfallen eines angeblich nur mehr kitschigen Liedes bei. Man kann auch nicht einen Mantel um die Hälfte kürzen und sich dann beklagen, er sähe wie eine Jacke aus... Wer sich mit »Stille Nacht« ernsthaft befasst, muss es mit dem ganzen Lied tun.

Entkleidung des Romantischen

Zu einer nüchternen Betrachtung trägt sicher bei, dass man das Lied auch seiner romantischen Entstehungslegende entkleidet. Denn die Geschichte mit der ausgerechnet am Heiligen Abend ausgefallenen Orgel, die den in Oberndorf an der Salzach amtierenden Hilfspriester Joseph Fanz Mohr veranlasst haben soll, das von ihm verfasste Gedicht zum Organisten Franz Xaver Gruber zu bringen, damit er diesem eine passende Melodie zur Gitarre gebe, scheint gar nicht zu stimmen. 1995 ist in Salzburg eine bislang nicht gekannte Abschrift des Liedes aus der Hand des Dichters Mohr aufgetaucht, auf der dieser schriftlich festhielt, dass er selbst den Text im Jahr 1816 verfasst habe, also zwei Jahre früher als bisher angenommen. Sechs Strophen hat das Lied auf diesem Blatt; zweistimmig war das Lied zur Gitarrenbegleitung geschrieben – in der Christnacht 1818 waren es wohl Mohr und Gruber selbst, die es solistisch vortrugen. Ob das jedoch innerhalb der »Christ-

mette«, also der mitternächtlichen Messe, geschah, ist zu be-
zweifeln – schon allein deshalb, weil Mohr als Priester kaum je
die lateinische Messe unterbrochen haben dürfte, um ein Lied
zur Gitarrenbegleitung vorzutragen. So etwas kann man heute
zwar durchaus erleben, damals war das unmöglich; vielleicht
geschah es also im Anschluss an die Christmette an der Krippe.

Die These von der Entstehung des Liedes zwei Jahre früher
und auch nicht in Oberndorf, sondern in Mariapfarr bei Salzburg, stützt auch die Tatsache, dass es in der dortigen Pfarrkirche ein Gnadenbild gibt, auf dem das Jesuskind mit Locken zu
sehen ist. Hier war Mohr als Priester 1816 tätig, und vielleicht
hat ihn das Bild zur Formulierung des »holder Knab’ im
lockigten Haar« inspiriert.

Tiefes Schweigen in der Mitte der Nacht

Das Lied beschreibt in allen sechs Strophen die »heilige
Nacht«, die geweihte, die »Weyhenacht«, wie diese seit dem
Mittelalter auch genannt wird. Doch woher wissen wir eigentlich, dass es Nacht war, als das Kind in Betlehem geboren
wurde? »O heilige Nacht«, »Stille Nacht«, »Heiligste Nacht!«
– in vielen Liedern findet die Menschwerdung Gottes »inmitten der Nacht« statt, wie ein Lied auch heißt. Zunächst einmal
berichtet der Evangelist Lukas davon, dass die Hirten Nacht-
wache hielten, als der Engel ihnen erschien (Lk 2,8). Doch
seine Beschreibung dieser Szene ist ganz in der Absicht einer
»Proklamation« des neuen Königs verfasst, sie will gar nicht
eine konkrete Situation schildern. Die »Nacht« steht sicher
auch bei ihm als Chiffre für das Dunkel der Welt, für die Er-
schöpfung ihrer Geschöpfe, für die Not aller Menschen, damals wie heute. »Als sich die Welt zum Abend wandt, der
Bräutgam Christus ward gesandt« heißt es im Adventslied
»Gott, heilger Schöpfer aller Stern«. »Nacht« symbolisiert die
Zeit der Sünde, der die Menschen alle seit Adam verfallen sind.

Doch wo die Nacht am tiefsten erscheint, ist die Rettung am nächsten: »Als tiefes Schweigen das All umfing und die Nacht bis zur Mitte gelangt war, da sprang dein allmächtiges Wort vom Himmel, vom königlichen Thron herab mitten in das dem Verderben geweihte Land.« Dieses Zitat aus dem alttestamentlichen Buch der Weisheit wurde schon früh auf die Geburt des »Wortes Gottes«, Jesus Christus, gedeutet. Die Mitte der Nacht – »wohl zu der halben Nacht«, wie es in einem anderen Lied heißt – steht also auch für den Anfang der Erquickung, für beginnende Heilung und Erlösung: In ihr wird Christus als Mensch geboren, um sie zu erhellen und die Menschen dem Licht der Sphäre Gottes zuzuführen. Diese stille, heilige Mitte der Nacht ist die »rettende Stund«, in der uns Heil wird: »Christ, der Retter ist da!«

Abstieg und Aufstieg

Christus war immer schon da, vor seiner Geburt schon existent. Der wie Gott war, hielt aber nicht daran fest, Gott gleich zu sein, sondern entäußerte sich, wurde den Menschen gleich. So umschreibt der Philipperhymnus die Herablassung des Gottessohnes. »Aus des Himmels goldenen Höh'n / uns der Gnade Fülle läßt seh'n / Jesum in Menschengestalt!« übersetzt Mohr dies in seinem Lied. Und die goldnen Himmelshöhn meinen hier keinen Ort, sondern eine Seinsweise – wie auch die Ikonenmaler das Göttliche zumeist mit Gold auf ihren Bildern zum Ausdruck bringen.

Aus dieser göttlichen Sphäre kommend, wird Jesus uns gleich, wird unser Bruder: Das bedeutet nicht nur Rettung und Schonung, wie es im Lied heißt, sondern impliziert, dass auch wir als seine Brüder und Schwestern Miterben sind und zur Sphäre des göttlichen Lebens gelangen sollen, zu der Christus wieder erhöht wurde. Er zeigt uns die Fülle der Gnade, zu der wir berufen sind.

So enthält das Lied durchaus eine Theologie, die den ältesten Aspekten der Geburt Christi entspricht. Freilich sind manche Aussagen wie »der Herr vom Grimme befreyt, / in der Väter urgrauer Zeit« in ihrer Fomulierung sehr zeitbedingt, von daher nur schwer zu singen und zu vermitteln. So ist es zwar bedauerlich, aber doch nachvollziehbar, dass das Lied meist nur in drei Strophen gesungen wird.

Wie kaum ein anderes Lied gehört es stimmungsmäßig in die Heilige Nacht – bei Tag und Licht gesungen, wirkt es irgendwie deplatziert, wie ein Gefühlsausdruck, der, später noch einmal gelesen, schal erscheint. So hat es – vielleicht wie beim ersten Mal – wohl tatsächlich seinen besten Platz am Ende des nächtlichen Gottesdienstes, weil es mit dem Blick auf die Krippe nochmals das zusammenfasst, worum es in dieser Nacht geht.

Tönt es laut bey Ferne und Nah

Über Handelsstraßen, die damaligen Wege der Kommunikation, gelangte »Stille Nacht« aus dem Salzburgischen hinaus und verbreitete sich schon alsbald nach seiner Entstehung. Anfang der 30er-Jahre des 19. Jahrhunderts wurde es in Leipzig zur Zeit der Neujahrs-Messe von den Geschwistern Strasser, die aus dem Zillertal stammten und als Handschuhmacher die Messe besuchten, mehrfach aufgeführt – bereits in einer dreistrophigen verkürzten Fassung. Bald darauf erschien es gedruckt und als »ächtes Tyrolerlied« präsentiert.

Der Tiroler Volksaufstand gegen die napoleonische Besatzung wenige Jahrzehnte zuvor hatte in Europa zu großen Sympathien für das Tirolische geführt, vielleicht trug auch diese Welle der Anteilnahme das Lied mit in andere Länder hinaus.

1844 nahm es Johann Hinrich Wichern, der Begründer des »Rauhen Hauses« in Hamburg, in ein vielfach aufgelegtes Liederbüchlein auf, wodurch das Lied, das Wichern textlich leicht verändert hatte, auch bei den evangelischen Christen bekannt und beliebt wurde. Die Gunst des Preußenkönigs Wilhelm I. erleichterte seine Aufnahme in evangelische Liederbücher, ja sogar in die Militärgesangbücher. In der Heiligen Nacht 1914 wurde es von deutschen und englischen Soldaten in ihren Schützengräben gleichzeitig in ihren jeweiligen Sprachen gesungen – ein kleiner Friede im großen Krieg.

Längst hatte sich das Lied seinen Weg in die Welt gebahnt; dabei gerieten mitunter die beiden Autoren des Liedes in Vergessenheit: In Amerika war das Lied im späten 19. Jahrhundert als »Choral of Salzburg« bekannt und in Norwegen hatte sich der Eindruck eines evangelischen Volksliedes festgesetzt. Die Angaben der Zahl seiner Übersetzungen schwankt – über 40 sind es jedenfalls –, ist wohl auch nicht genau zu ermitteln. Dass es das meistübersetzte und -gesungene, -gespielte und -gehörte Weihnachtslied ist, dürfte unbestritten sein – und so trägt es noch immer die Botschaft der Heiligen Nacht zu »Ferne und Nah« und überallhin.

O du fröhliche

Johannes Daniel Falk / Heinrich Holzschuher (1816/1827)

O du fröhliche, / o du selige / gnadenbringende
Weihnachtszeit. /
Welt ging verloren, / Christ ward geboren. /
Freue, freue dich, o Christenheit.

O du fröhliche, / o du selige / gnadenbringende
Weihnachtszeit. /
Christ ist erschienen, / uns zu versühnen. /
Freue, freue dich, o Christenheit.

O du fröhliche, / o du selige / gnadenbringende
Weihnachtszeit. /
Himmlische Heere / jauchzen dir Ehre. /
Freue, freue dich, o Christenheit.

Mit Ernst glauben, um froh zu sein

Von Johann Hinrich Wichern, dem Begründer des »Rauhen
Hauses« in Hamburg, einer sozialen Einrichtung für vernach-
lässigte Jugendliche, stammt eine kleine Erzählung mit dem
schlichten Titel »August Hobelmann«, in welcher er die weihnachtliche Bescherung von Armen durch einen Gutsherrn
schildert:

»Darauf kam am ersten Weihnachtstage alles auf der großen Landdiele des Schulhauses zusammen, die Dorfkinder, die
Eltern und auch die Gutsherrschaft, soviel das Haus nur fassen
konnte. Der Kronleuchter prangte mit seinen Adventslich-
tern, unter demselben waren Bänke für die Armen aufgestellt.
Einige Dorfbewohner holten dieselben regelmäßig auf ihren

Wagen herbei, und wenn sie dann endlich angelangt waren und die Armen abstiegen und eintraten, fing das ganze Haus mit Singen an. Vor allem hörte man wieder das schöne Lied: ›O du fröhliche, o du selige‹. Wenn nun alles wieder ruhig geworden und die Armen sich bequem gesetzt hatten, dann stellte sich der Prediger, der aus der Stadt mitgekommen war, mitten unter sie. Zuerst las er aus dem Evangelium Lukas, Kap. 1 u. 2, worin so herrliche Weihnachtsgeschichten stehen, und danach sprach er mit den Armen, als wenn er selbst ein Armer wäre. Nach diesem Weihnachtsgespräch fing das ganze Haus wieder mit Singen an, und währenddessen brachten der Schullehrer und seine Frau die glücklichen Dorfkinder herzu, die für jeden Armen auf einem Weihnachtstisch mit einem Weihnachtsbaum einfache Geschenke aufschmückten, Brot, Kleidungsstücke, kleine Bücher, Bilder und so etwas. Ein Tisch wurde gedeckt, und alle setzten sich um denselben und aßen und tranken und waren fröhlich.«

Es kommt nicht von ungefähr, dass Wichern in dieser kleinen Szene das Lied »O du fröhliche« anstimmen lässt. Sicher, es war schon zu seiner Zeit, in der Mitte des 19. Jahrhunderts, ein populäres Weihnachtslied, mehr aber noch mag ihn der Gedanke bewogen haben, dass es aus einer Einrichtung stammte, die dem Rauhen Haus in Hamburg sehr ähnlich war, ja gewissermaßen ein Vorläufer und Vorbild dieser Anstalt: der »Lutherhof« in Weimar.

Der Lutherhof in Weimar

Der Begründer dieses »Lutherhofes« war Johannes Daniel Falk, ein evangelischer Theologe und Publizist, der sich während der französischen Besatzung Weimars, vor allem aber nach der Völkerschlacht bei Leipzig (1813), politisch und sozial sehr engagierte. Für die im Zuge der Kriegswirren zahlreich herumstreunenden verwaisten und verwahrlosten Kinder und

Karl Müller, Eine Weihnachtsbescherung für Cholera-Waisen in Hamburg (1892)

Jugendlichen gründete er eine »Gesellschaft der Freunde in der Not«, mit deren Hilfe er ein verfallenes Gebäude erwarb und wieder herrichten ließ, um daraus ein Heim zu machen. Weil in diesem Haus einst ein Freund Martin Luthers gewohnt hatte und man daher annahm, dass auch der Reformator selbst hier abgestiegen war, wenn er in Weimar weilte, nannte Falk das Gebäude »Lutherhof«. Hier erhielten seine Schützlinge nicht nur eine Heimat, sondern auch Unterricht und die Möglichkeit einer berufliche Ausbildung. Die religiöse Prägung dieses »Lutherhofes« war für Falk selbstverständlich.

Vom Allerdreifeiertagslied zum Weihnachtslied
Im Jahr 1816, so wird gesagt, habe Falk einen Text auf die Melodie eines Marienliedes (»O sanctissima«) gedichtet, das ihm ein italienisches Findelkind vorgesungen hatte. Mögli-

cherweise kannte er dieses Lied sizilianischer Fischer auch aus den Veröffentlichungen Johann Gottfried Herders. Wie auch immer er zu dieser Melodie kam, er verfasste jedenfalls drei Strophen, in denen er die Bedeutung der drei großen Feste der Christenheit jeweils in einem Satz beschrieb: die gnadenbringende Weihnachts-, Oster- und Pfingstzeit – das »Allerdreifeiertagslied«, wie es genannt wurde:

O du fröhliche, / o du selige / gnadenbringende
Weihnachtszeit. /
Welt ging verloren, / Christ ward geboren. /
Freue, freue dich, o Christenheit.

O du fröhliche, / o du selige / gnadenbringende
Osterzeit. /
Welt liegt in Banden, / Christ ist erstanden. /
Freue, freue dich, o Christenheit.

O du fröhliche, / o du selige / gnadenbringende
Pfingstenzeit. /
Christ, unser Meister, / heiligt die Geister. /
Freue, freue dich, o Christenheit.

Kurz und einfach sind die Aussagen gehalten, nicht für die hohe Liturgie gedacht, vielmehr memorierbar auch für die »zusammengewürfelte Gruppe, die erst durch die Tat der Liebe vereint wurde« (Martin Rößler). Erst einige Jahre später, 1827, wurde daraus ein reines Weihnachtslied, als nämlich Falks Mitarbeiter, Heinrich Holzschuher, ein Weihnachtsspiel schrieb, worin er die erste Strophe dieses Liedes verwendete, dem er zwei neue Strophen gab. Die Bedeutung der Geburt Christi wird in ebenso knappen Aussagen gehalten, wie es dem ursprünglichen Allerdreifeiertagslied entspricht: Christus versöhnt die Welt mit dem Vater, weswegen ihm auch die Engel im Himmel ihr Lob singen. Der neutestamentliche Hymnus aus dem Kolosserbrief (Kol 1,12–20) wird in seinen Aussagen als Hintergrund deutlich, aber trotzdem blieb es auch in der neuen Fassung ein kleines geistliches Volkslied.

»Gott hat unser Herz und Mut fröhlich gemacht«

Dieses Lied also lässt Johann Hinrich Wichern in der eingangs zitierten Erzählung die Feiernden bei der Weihnachtsbescherung singen, und er schließt die Szene damit ab, dass alle fröhlich aßen und tranken. –

Der Wunsch nach »fröhlichen Weihnachten« kommt uns heute selbstverständlich über die Lippen; doch wenn wir überhaupt etwas damit verbinden, so doch wohl eher den Ausdruck und Eindruck des Festes und seiner Gestaltung. Sie ist ja auch in vielen Ländern eine fröhliche und heitere, die sich nach zunehmender Überwindung der mit diesem Tag (und mehr noch der Nacht) verbundenen deutschen Innerlichkeit vergangener Zeiten auch bei uns ausbreitet. Aber das ist mit der Fröhlichkeit, zu der in diesem Lied aufgefordert wird, gar nicht gemeint. Falk denkt vielmehr an die Wirkung der froh machenden Botschaft des Evangeliums, die auch Martin Luther immer wieder anklingen ließ. In seinem Lied »Vom Himmel kam der Engel Schar« aus dem Jahr 1542 drückte dieser die Bedeutung der Geburt Christi ganz drastisch aus:

»Des sollt ihr billig fröhlich sein, / dass Gott ist worden mit euch ein'. / Er ist geborn, eu'r Fleisch und Blut, / eu'r Bruder ist das ewig Gut.

Was kann euch tun die Sünd und Tod, / ihr habt mit euch den wahren Gott. / Lasst zürnen Teufel und die Höll, / Gott's Sohn ist worden eu'r Gesell.«

Es ist die österliche Botschaft von der Überwindung des Todes, die mit der Geburt Christi anhebt, die den Menschen fröhlich machen kann und soll. In der Zuversicht auf den Gottmit-uns, der uns zu Gottes Geschlecht macht, kann uns nichts mehr anfechten. Und mehr noch: Wir sollen es weitergeben, wie Luther in der Vorrede zu seiner Ausgabe seiner Lieder von 1545 schreibt: »Gott hat unser Herz und Mut fröhlich gemacht durch seinen lieben Sohn, welchen er für uns gegeben hat zur Erlösung von Sünden, Tod und Teufel. Wer solches mit Ernst glaubt, der kann's nicht lassen, er muss fröhlich und mit Lust davon singen, dass es andere auch hören und herzukommen.«

Fröhliche Botschaft – froher Glaube

Vielleicht muss man tatsächlich mit Ernst glauben, um froh zu sein. Dieser scheinbare Widerspruch kommt auch in Falks Leben zum Aufschein. Im Jahr 1813 hatten er und seine Frau durch eine in Weimar grassierende Typhusseuche innerhalb weniger Monate vier ihrer sieben Kinder verloren; einige Jahre später nur starben auch der 19-jährige Sohn und die 15-jährige Tochter. In diesem furchtbaren Erleben gleicht Falk dem großen lutherischen Dichter Paul Gerhardt, dem ebenfalls im Leben kein Elend fremd geblieben ist und der die meisten seiner Kinder vorzeitig sterben sah. Und trotzdem schlug auch Gerhardt einen frohen Ton in seinen Weihnachtsliedern an: »Fröhlich soll mein Herze springen«, schrieb er 1653. Und wohl auch auf sich und seine Lebenserfahrungen bezogen: »Die ihr schwebt in großen Leide, / sehet, hier / ist die Tür / zu der großen Freude.« Es ist eine Freude, die ihren Grund nicht in äußerlichen Ereignissen hat, sondern in der inneren Gewissheit, dass Christus geboren wurde und uns »aus dem Leid in Himmels Freud« heben kann und will, wie es in einem anderen von Gerhardts Liedern heißt. Die Welt, die in so vielfacher Weise an den Tod verloren ist, darf, ja muss in Christi Geburt fröhlich sein: Freue, freue dich, o Christenheit!

Wie schön geschmückt der festliche Raum (Christbaum)
Peter Cornelius, 1856

Wie schön geschmückt der festliche Raum!
Die Lichter funkeln am Weihnachtsbaum!
O fröhliche Zeit! O seliger Traum!

Die Mutter sitzt in der Kinder Kreis;
nun schweiget alles auf ihr Geheiß:
Sie singet des Christkinds Lob und Preis.

Und rings, vom Weihnachtsbaum erhellt,
ist schön in Bildern aufgestellt
des heiligen Buches Palmenwelt.

Die Kinder schauen der Bilder Pracht,
und haben wohl des Singens acht,
das tönt so süß in der Weihenacht!

O glücklicher Kreis im festlichen Raum!
O goldne Lichter am Weihnachtsbaum!
O fröhliche Zeit! O seliger Traum!

Familiäre Feier im Weihnachtszimmer

Der nächtliche Weihnachtsgottesdienst machte, wie dargestellt, verschiedentlich Probleme. Deshalb begann man schon in der Zeit der Reformation, ihn auf den frühen Morgen zu verschieben. Doch auch das hat nicht immer den gewünschten Effekt einer Verhinderung nächtlicher Umtriebe gehabt; so wurde die Mette in vielen evangelischen Kirchen auch ganz abgeschafft und hielt sich nur vereinzelt in mittel- und süddeutschen Gegenden. (Inzwischen aber erfährt sie durchaus eine Renaissance – man denke etwa an die Christmetten, die vom Dresdener Kreuzchor am Weihnachtstag um 6 Uhr morgens in voller Kirche gestaltet werden.)

Auch auf den Nachmittag bzw. frühen Abend des 24. Dezembers begann man den Weihnachtsgottesdienst zu verlegen. So erließ der preußische Kurfürst 1711 eine Verfügung, in der es hieß: »Weil mit denen Lichter-Cronen auf dem Christabend viel Gaukely, Kinder-Spiel und Tumult getrieben wird, als befehlen wir euch hiermit … die Christ-Metten nicht des Abends, sondern des Nachmittags um 3 Uhr zu halten.« Das war allerdings nur evangelischerseits möglich, da in der katholischen Kirche eine Messe vor Mitternacht bis in das 20. Jahrhundert hinein nicht erlaubt war.

Während die frühmorgendliche Mette am 25. Dezember – sofern sie gehalten wurde – der Ersatz für die »Matutin« vor der Mitternachtsmesse war, fanden die Texte dieser Messe im evangelischen Bereich ihren Platz in der nachmittäglichen Christvesper am 24. Dezember. Zu diesen einprägsamen Texten gehört nicht nur die Prophezeiung des Propheten Jesaia, dass uns ein Kind geboren und ein Sohn geschenkt ist (Jes 9), sondern auch das Lukasevangelium mit seiner Beschreibung der Geburt Jesu zu der Zeit, da Kaiser Augustus im ganzen Reich eine Steuererhebung durchführen ließ.

Von der Kirche in die Häuser

Neben der Gemeinde spielte aber auch – gleichsam wiederentdeckt durch die Reformation und ihrer Vorstellung eines allgemeinen Priestertums – die Familie als Trägerin gottesdienstlicher Formen vor allem ab dem 18. Jahrhundert eine wichtige Rolle. Eine reiche Erbauungsliteratur, Gesangbücher und Haus-Postillen förderten die oft täglichen häuslichen Morgen- und Abendandachten. Teilweise waren die Texte, Gesänge und Gebete für bestimmte Tage, Wochen und Zeiten so geordnet, dass das Kirchenjahr mit seinen Festen gewissermaßen ins Haus verpflanzt wurde. Mitunter traten die häuslichen Andachten sogar an die Stelle der gemeindlichen Gottesdienste. Sie waren sehr unterschiedlich in ihrer Gestalt, aber vor allem die Andachten »in reicherer Form« enthielten neben Gebeten, Liedern und Psalmen auch Schriftlesungen, womöglich sogar eine anschließende Auslegung des Schriftwortes. Auch für den Heiligen Abend gab es solche Hausandachten, die teilweise die typischen Elemente des nächtlichen Weihnachtsgottesdienstes enthielten wie das Weihnachtsevangelium nach Lukas, ein Glorialied und andere Lieder, Gebete und Bibelverse. Die kirchliche Feier, in den Raum der Familie projiziert: Hier liegt das Heiligabend-Ritual begründet.

Eine häusliche Andacht am Heiligen Abend gab und gibt es auch in den katholischen Familien. Ursprünglich diente sie mehr der Einstimmung auf die mitternächtliche Christmette (etwa mit dem Rosenkranzgebet), doch im Laufe der Zeit glich sie sich der evangelischen Andacht an und enthielt ähnliche Elemente. Noch im katholischen Gesangbuch »Gotteslob« von 1975 war zu lesen, dass die Familie sich am Heiligen Abend vor oder nach der Christmette an der Krippe versammelt, »die das Geschehen der Heiligen Nacht darstellt, und um den Christbaum, der uns an den Baum des Lebens und an Jesus Christus als Licht der Welt erinnert. Der Vater liest das Evangelium von der Geburt des Herrn; Weihnachtslieder und Gebet, vor allem der ›Engel des Herrn‹ lassen uns spüren, was der Grund des Feierns und der Geschenke ist: Gott hat uns seinen eigenen Sohn geschenkt.«

Eine wichtige Rolle spielte in dem ganzen Geschehen der Vater. Dem »Hausvater«, wie er auch bezeichnet wurde, oblag es als »Hauspriester«, die Seinen im Gebet und in der Andacht anzuleiten, sie im Katechismus zu unterweisen. Er stand der Feier vor und übernahm bestimmte Elemente auch selbst, z. B.

das Vortragen des Evangeliums und eine eventuelle Auslegung, das Sprechen der Gebete. Angesichts heutigen Unbehagens vieler Männer bei religiösen Vollzügen – gar in der eigenen Familie! – mutet es fast schon wie aus einer anderen Kultur stammend an, wenn in einem Buch Mitte des 19. Jahrhunderts die Väter beschworen werden, sich diese höchste Ehre, als Hauspriester zu wirken, nicht nehmen zu lassen: »Nur wenn er verhindert ist, trete die Hausmutter an seine Stelle ein.«

Fröhliche Feier in festlichem Raum

Eben die Mutter und nicht der Vater erscheint auch im Mittelpunkt der häuslichen Heiligabend-Szene in einem Weihnachtslied des Dichterkomponisten Peter Cornelius (nicht zu verwechseln mit dem österreichischen Liedermacher gleichen Namens…): Im Kreis der Kinder, die auf ihr Geheiß verstummen, singt sie »in der Weihenacht« »des Christkinds Lob und Preis«. Das Lied mit dem schlichten Titel »Christbaum« gehört zu seiner Sammlung von Weihnachtsliedern, die 1856 entstand und deren bekanntestes wohl »Drei Kön'ge wandern aus Morgenland« ist. Dass Cornelius weihnachtliche Lieder schrieb, passt zu ihm, ist er doch am Heiligabend des Jahres 1824 geboren.

Man ist in einem schön geschmückten, festlichen Raum versammelt: dem »Weihnachtszimmer«, das vielleicht schon Tage vorher eigens hergerichtet, geschmückt und geputzt wurde – und dann abgeschlossen, damit es zur Krippenfeier auch in seiner Pracht präsentiert werden konnte. Natürlich hatten nur wohlhabendere Familien mit größeren Wohnungen oder Häusern solch ein eigenes Zimmer. Und auch über das gehobene Bürgertum, wo es eigene Repräsentationsräume gab, Räume, die ansonsten nur besonderen Anlässen dienten (Wohnzimmer) hat sich diese Form der Gestaltung des Heiligen Abends entwickelt.

In gewisser Weise entspricht das besonders gestaltete Zimmer dem kirchlichen Festraum, ist dessen Abbild im bürgerlichen Haus bzw. in der Wohnung – wie die familiäre Feier des Heiligabend ein Abbild und Ersatz des gemeindlichen Gottesdienstes darstellt. »Am Heiligen Abend öffnet sich die Tür zu Gottes Weihnachtsstube. Sie wird abgespiegelt durch alle irdischen Weihnachtsstuben auf dem Erdenrund. Und sei es die engste und ärmlichste Kammer: Sie ist hineingenommen in den himmlischen Glanz, der Herzen glücklich macht« (Gertrud Weinhold).

Christbaum und Krippe gehören in dieses Weihnachtszimmer. Letztere bildet in ihren Figuren das heilige Geschehen ab, das aus der Familienbibel – vielleicht eine mit Illustrationen der biblischen »Palmenwelt« wie von Gustave Doré – vorgetragen wird: »Sie las die altvertrauten Worte langsam und mit einfacher, zu Herzen gehender Betonung, mit einer Stimme, die sich klar, bewegt und heiter von der andächtigen Stille abhob. ›Und den Menschen ein Wohlgefallen!‹, sagte sie« (Thomas Mann, Die Buddenbrooks).

Weihnachtliche Klaviermusik

Es ist eine gutbürgerliche Szene, die Cornelius in seinem Lied, zu dem er selbst den Text verfasste, eingefangen hat. Und es passt, dass sie uns in einem Klavier-Lied vor Augen geführt wird. Ein wesentliches Instrument im wahrsten Sinne des Wortes für die Förderung einer familiären Weihnachtskultur war nämlich das Klavier. Schon im ausgehenden 18. Jahrhundert hatte die aufstrebende Bürgerschicht das häusliche Musizieren als standesgemäß entdeckt und gefördert. Die Serienfabrikation des Klaviers seit dem Anfang des 19. Jahrhunderts erweiterte neben der Notenliteratur zugleich auch die Zahl der Musikausübenden. Vor allem sind es die Töchter (und Frauen), die das Klavierspielen erlernen. In dieser Zeit spielen die häusliche Weihnachtsmusik und die weihnachtlichen Lieder eine immer größere Rolle. War das Weihnachtszimmer gewissermaßen die Kirche im Kleinen und die häusliche Heiligabendandacht ein Abbild des nächtlichen Gottesdienstes, so wurde auch »der mehrstimmige Kirchenchoral als Sololied mit Klavierbegleitung in die ›gute Stube‹ übernommen« (Ingeborg Weber-Kellermann). Immer wieder zeigen daher die Bilder aus dieser Zeit das Klavier als Bestandteil der familiären Weihnachtsszene, an ihm sitzen Mädchen oder Frauen, seltener die Buben oder der Vater.

Neben den kirchlichen Gesängen entstanden aber bald auch schon Weihnachts-Potpourris und Weihnachtslieder für den Hausgebrauch, in denen neben dem Inhalt des Weihnachtsgeschehens zunehmend auch die häusliche Feier »der Weihenacht« selbst im Mittelpunkt steht – wie in dem Lied von Peter Cornelius.

Du Kind, zu dieser heilgen Zeit
Jochen Klepper (1937)

Du Kind, zu dieser heilgen Zeit
gedenken wir auch an dein Leid,
das wir zu dieser späten Nacht
durch unsere Schuld auf dich gebracht.
Kyrie eleison!

Die Welt ist heut voll Freudenhall.
Du aber liegst im armen Stall.
Dein Urteilsspruch ist längst gefällt,
das Kreuz ist dir schon aufgestellt.
Kyrie eleison!

Die Welt liegt heut im Freudenlicht.
Dein aber harret das Gericht.
Dein Elend wendet keiner ab.
Vor deiner Krippe gähnt das Grab.
Kyrie eleison!

Die Welt ist heut an Liedern reich.
Dich aber bettet keiner weich
und singt dich ein zu lindem Schlaf.
Wir häuften auf dich unsre Straf'!
Kyrie eleison!

Wenn wir einst mit dir auferstehn
und dich von Angesichte sehn,
dann erst ist ohne Bitterkeit
das Herz uns zum Gesange weit!
Hosianna!

Vor der Krippe gähnt das Grab

Bei den Nürnberger Kriegsverbrecherprozessen, so erzählte
es der Theologe Paul Tillich, sei als Zeuge ein Mann erschienen, der eine Zeitlang in einem Grab eines jüdischen Friedhofes in Wilna gelebt hatte. Es war das einzige Versteck, wo er
und andere leben konnten, nachdem sie der Gaskammer entronnen waren. Während dieser Zeit schrieb er Gedichte, und
eines davon war die Beschreibung einer Geburt:

In einem Grab, ganz in seiner Nähe, gebar eine junge Frau
einen Sohn. Der 80-jährige Totengräber, in ein Leichentuch
gehüllt, half bei der Geburt. Als das neugeborene Kind seinen
ersten Schrei ausstieß, betete der alte Mann: »Großer Gott,
hast du endlich den Messias zu uns gesandt? Denn wer anders
als nur der Messias selbst könnte in einem Grab geboren werden?« Drei Tage später sah der Dichter, wie das Kind die Tränen seiner Mutter leckte, weil sie ihm keine Milch geben
konnte …

Eine Geschichte, so Tillich, die alles übertrifft, was menschliche Einbildungskraft sich ausdenken kann. Ihm sei bei ihrem
Lesen bewusst geworden, dass die christlichen Symbole ihre
Kraft verloren hätten, weil sie zu oft und immer wieder
gebraucht würden. Es ist in Vergessenheit geraten, dass die
weihnachtliche Krippe der Ausdruck äußerster Armut und
Not war, ehe sie zur Stätte wurde, an der die Engel erschienen
und auf die der Stern hinführte… Für den alten jüdischen
Totengräber war die unermessliche Spannung der Messias-
Erwartung eine Wirklichkeit, die in dem unendlichen Kontrast zwischen den Dingen, die er sah, und der Hoffnung, die
er in sich trug, hervorbrach.

Leben zum Tod

Im Grabe geboren. Ein Paradox zunächst, wie es scheint, doch grausame Wirklichkeit. Jede Geburt trägt den Keim des späteren Todes in sich, jede Menschwerdung eröffnet den Weg zum Grab. Den Zusammenhang zwischen Geburt und Tod haben die Alten vielleicht besser verstanden als wir Heutigen. Auf den Weihnachtsbildern der östlichen Christenheit liegt das Kind in Windeln gehüllt wie in Leichentücher. Ein Motiv, das auch in deren weihnachtlichen Gesängen immer wieder auftaucht, wenn die Windeln besungen werden, in die gewickelt das Leben ist, das die Grabtücher des Todes zerreißt. Und mit Blick auf das weihnachtliche Geschehen singt man dort an Ostern mit gewissermaßen umgekehrter Blickrichtung: »Zum Grabe lasst uns eilen, lasst uns niederfallen wie einst die Weisen und lasst uns unsre Gabe und Myrrhe bringen – Ihm, der nun nicht mehr in Windeln, sondern in Grabestücher eingewickelt ist ...«

Und ist nicht auch die Höhle, in der das Kind Jesus zur Welt kommt, ein Voraus-Bild der Grabeshöhle, in das der Leichnam Christi gebracht wird? Abbild der Grabeshöhle, auf die ein jeder von uns zusteuert? Auf den Ikonen ist die Höhle als finster gähnender Schlund gemalt, in dessen Mitte das Kind liegt. Die Kirchenväter erkannten in der Geburtshöhle ein Gegenstück zur Hadeshöhle, in die Christus nach seinem Tod hinabstieg, um die Verstorbenen aus dem Schatten des Todes in das Licht des Lebens zu führen. Beides steht zueinander in Beziehung: Der Herr beginnt sein menschliches Leben an einem Ort, der ein Vorausbild jener Grabeshöhle ist, in der er den Menschen das ewige Leben erwerben wird.

Christliche Weihnacht und jüdischer Tod

Doch die Beziehung zwischen Leben und Tod, die sich schon an Weihnachten ausdrückt, mag uns tiefer anrühren, als theologische Spekulation dies tut. Wir dürfen bei all dem nicht aus dem Blick verlieren, dass Jesus ein Angehöriger jenes Volkes war, das in seiner Geschichte immer wieder Gewalt, Leid und Tod in unermesslich schrecklichem Ausmaß erleben musste – besonders in der Zeit des Nationalsozialismus in Deutschland. Wie kann man aber die Geburt Jesu, eines jüdischen Kindes, feiern, während zugleich zahllose jüdische Kinder und Erwachsene zu Tode gebracht werden?

Der Lyriker Erich Fried, 1921 geboren, schrieb nach dem Krieg ein Gedicht, »Weihnachtslied« übertitelt, das auf gespenstische Weise diese Zusammenhänge zum Ausdruck bringt. Er selbst hatte während der Schreckensherrschaft der Nazis seinen Vater verloren, der an den Folgen eines Gestapo-Verhörs starb, und auch seine Großmutter, die im Konzentrationslager Auschwitz ermordet wurde. Und eben das Grauen der Todeslager klingt in dem Gedicht an, auch wenn sie – ebenso wie Betlehem und Golgata – nicht direkt genannt sind:

Eine Streu aus Stroh,
eine Wand von Wind,
eine Woge als Wiege,
ein Kind.

Ein Schwamm voll Essig,
eine Kammer voll Gas,
eine Waage am Wege,
eine Grube im Gras.

Eine Gasse voll Dirnen,
eine Gosse voll Wut,
eine Stirne voll Dornen,
eine Mutter voll Blut.

Eine Streu aus Stroh,
eine Wand aus Wind,
eine Woge als Wiege,
ein Kind.

Die Geburt im Grabe, der Hinrichtungstod des Juden Jesus –
sind sie nicht gegenwärtig im unermesslichen Leid derer, die
in den Lagern leben mussten und starben? Vielleicht vermag
man Weihnachten in seiner tiefsten Bedeutung nur dann zu
erfassen und feiern, wenn man selbst mit diesem Leid und
Kreuz konfrontiert ist. Ein anderer Dichter dieser Zeit,
Jochen Klepper, war mit einer Jüdin verheiratet, die zwei
Töchter mit in die Ehe brachte; obwohl alle drei sich tau-
fen ließen, fürchtete er um deren Deportierung in die Lager.
Am Heiligen Abend des Jahres 1941 notiert er in sein Tagebuch: »Der Gedanke an das Weihnachten der Kameraden trat
zurück hinter dem Gedanken an das Weihnachten der depor-
tierten christlichen Juden. Vielleicht ist bei ihnen heute ›Kirche‹ wie nirgends sonst.«

Im Ringen um das Leben

Er erlebte diesen Konflikt durch die existentielle Bedrohung
seiner Familie gewissermaßen am eigenen Leib. In seinem
Tagebuch beschreibt er, wie sich die Lage auch an den Weihnachtsfesten zunehmend verschlechterte. Schon 1935 stellt er
bedauernd fest, dass das Fest von seinem Inhalt her immer
mehr umfunktioniert wird und man »dieses Jahr eine arge
Reklame gemacht (hat) mit der Nordischen, der Deutschen
Weihnacht«. Doch das alles ist nur ein Vorspiel der kommen-

den Ereignisse; die goldenen Sterne mit gelben Wachslichtern, die 1937 den weihnachtlichen Tisch schmückten – sie sind ein Hinweis auf noch nicht zu ahnende künftige Schrecken. 1941 schildert er, wie seine Tochter, die als getaufte Jüdin den gelben Stern tragen musste, nicht mit zum Abendmahl ging. »Man hat noch keine Lösung für die christlichen Sternträger ›überlegt‹. – Welche Worte schafft diese Zeit, wie dies nun zum grausigen *terminus technicus* gewordene: die ›Sternträger‹ –.«

Seinen Tagebucheintragungen stellte er seit 1933 jeweils ein Wort aus der Tageslosung der Herrnhuter Brüdergemeine voran, die nicht selten durch seine Notizen dunkle Aktualität wurde. Weihnachten 1935 schreibt er unter dem Wort »Ich will dich unterweisen und dir den Weg zeigen, den du wandeln sollst« (Psalm 32,2), »… dass über dem tiefsten Grund zweier von Gott zusammengeführter Leben Dunkel bleibt; dass, wo, wann und wie Gott selbst an dem liebsten Menschen handelt, man unwissend, ratlos abseits steht, auch wenn man in dieses Handeln Gottes selbst als Schicksal des anderen mit einbezogen ist.« Und weiter: »Gott kann von uns nur noch im Leiden gelobt werden. Der Schmerz kann nicht getilgt werden: dass die Gabe des Lebendigen, des Herrn allen Lebens, sein Tod ist.«

Das sollte sich leider nur allzu bald erfüllen. 1942 scheiterte die Ausreise der jüngsten Tochter Renate (»Renerle«) ins rettende Ausland; sie war nun unmittelbar von der Deportation bedroht, ebenso wie seine Frau. 14 Tage vor dem Weihnachtsfest des Jahres 1942 nahmen er und seine Familie sich das Leben. Die letzte Tagebucheintragung lautete: »Wir sterben nun – ach, auch das steht bei Gott – Wir gehen heute nacht gemeinsam in den Tod. Über uns steht in den letzten Stunden das Bild des Segnenden Christus, der um uns ringt. In dessen Anblick endet unser Leben.« Auf dem Berliner Friedhof Nikolassee wurde die Familie begraben.

Ruf aus der Tiefe

Urteilsspruch, Gericht, Kreuz, Grab: Als hätte er die kommenden Ereignisse des eigenen Lebens vor sich gesehen, schrieb Klepper im Dezember 1937 ein Weihnachtslied, das die dunkle Seite der Christgeburt herausstreicht. »Weihnachts-Kyrie« ist dieses Lied überschrieben – der Kyrieruf war damals in den Berliner Gottesdiensten nicht als Huldigungsruf verstanden worden, wie dies heute oft der Fall ist, sondern als ein »Ruf aus der Tiefe« (Frieder Schulz). An Weihnachten, so der Tenor dieses Liedes, beginnt die Passion – und das Leid und Leiden Christi, dessen wir auch an den Tagen seiner Geburt gedenken müssen, haben wir selbst verursacht. Und so finden sich in diesem Lied unser frohes weihnachtliches Feiern und Christi Leid antithetisch einander gegenübergestellt: »Die Welt liegt heut im Freudenlicht. / Dein aber harret das Gericht…« Das erinnert an die so genannten Improperien des Karfreitags, in denen auf ähnliche Weise Handeln Gottes und Tun der Menschen einander gegenübergestellt werden: »Ich habe dich mit Manna gespeist und dich hineingeführt in das Land der Verheißung. / Du aber bereitest das Kreuz deinem Erlöser…«

Das entlarvt den weihnachtlichen Jubel als vordergründig – er steht noch unter einem Vorbehalt; erst in der letzten Strophe wendet er sich. Das abschließende Hosianna erinnert zwar an den Palmsonntag, ist aber auch ein adventlicher Ruf (was daher rührt, dass der Bericht vom Einzug Jesu in Jerusalem in der evangelischen Kirche auch am 1. Adventssonntag gesungen wird; vgl. das Lied »Macht hoch die Tür«) – ein Ruf in die verheißene Zukunft hinein. Wenn die Kyrieleis-Singenden wie Jochen Klepper ihrem Herrn durch das Kreuz gefolgt sind, haben sie auch Anteil an seiner Auferstehung. Dann erst gehen die Herzen auf zum großen weihnachtlichen Hosianna.

Rudolph, the red-nosed reindeer
Robert L. May / Johnny Marks (1939/49)

Du kennst Dasher und Dancer und Prancer und Vixen,
Comet und Cupid und Donner und Blitzen –
aber kannst du auch das berühmteste Rentier von allen
mit Namen nennen?

Rudolph, das rotnasige Rentier,
hatte eine leuchtende Nase,
und wenn du sie je gesehen hättest,
würdest du sagen: Sie glüht.
Alle anderen Rentiere lachten ihn aus
und gaben ihm Spitznamen,
sie ließen den armen Rudolph nie an ihren Spielen
teilnehmen.
Da, eines nebligen Weihnachtsabends,
kam Santa und sagte:
»Rudolph, willst du mit deiner leuchtenden Nase
nicht heute nacht meinen Schlitten anführen?«
Da hatten ihn die andere Rentiere plötzlich lieb
und riefen fröhlich aus:
»Rudolph, du rotnasiges Rentier,
du wirst in die Geschichte eingehen!«

Wenn Böse gut und Arme reich werden

Es war einmal. So beginnen Märchen – auch Weihnachtsmärchen. Und sie handeln davon, dass böse Menschen plötzlich
ihr Herz entdecken, dass aus Verlierern Sieger werden und aus
Außenseitern Spitzenreiter. So wie Rudolph, das Rentier, das
wegen seiner roten Nase von allen verspottet wird, durch das

Wunder einer Christnacht aber aufsteigt zum Leittier des Weihnachtsmann-Schlittens.

Begonnen haben diese Geschichten mit der berühmten Erzählung von Charles Dickens, »A Christmas Carol«. Hier ist es der böse alte Scrooge, der am Weihnachtsabend zum mitfühlenden Menschen wird. Seitdem wurden immer wieder und immer mehr Geschichten dieser Art geschrieben. Von »Carol-Philosophy« spricht man in dem Zusammenhang, und alljährlich bereichern uns Film und Fernsehen um neue Varianten dieses Themas der Mitmenschlichkeit und der wunderbaren Umkehr, die mit dem Weihnachtsfest ausgelöst werden oder an ihm zum Tragen kommen.

Im Kaufhaus entstanden

Rudolph erblickte 1939 das Licht der Welt. Robert L. May, ein Angestellter der amerikanischen Kaufhauskette Montgomery Ward, hatte das Rentier als Weihnachts-Werbefigur erfunden und mittels millionenfach verteilter Heftchen (»Gimmicks«) populär gemacht. May selbst hatte das Schicksal des aus körperlichen Gründen Zurückgesetzten als Kind am eigenen Leib erfahren, und so schrieb er diese Geschichte – eine moderne Version des »Hässlichen Entleins« – mit Blick auf das Mitleid vor allem jüngerer Kunden, aber eben auch als eine weihnachtliche Geschichte. Trotz des Krieges und des Papiermangels dieser Jahre wurde das Heftchen bis 1946 sechsmillionenmal verkauft. Mays Schwager, Johnny Marks, schrieb ein Lied zu dieser Geschichte (stark verkürzt und auch mit einem anderen Akzent), das 1949 erstmals aufgenommen wurde und seither aus der weihnachtlichen Geräuschkulisse nicht mehr wegzudenken ist.

Es ist in gewisser Weise bezeichnend, dass diese besondere Art einer Weihnachtsgeschichte in einem Kaufhaus beginnt und merkantile Ziele hatte: Man kann die Geschichte des

Weihnachtsfestes in unseren Breiten nicht darstellen, ohne auf den Einfluss der amerikanischen Kultur zu schauen. Denn zweifellos ist unsere heutige Art, Weihnachten zu begehen, einerseits stark von der Kommerzialisierung geprägt, die wiederum im »Weihnachtsmann« – Santa – ihre Ikone besitzt. Und andererseits wird auch unser »Liedgut« (und sei es nur das der Weihnachtsmärkte und Kaufhäuser) von ihr bestimmt – ein oft nur noch fernes Echo der weihnachtlichen Botschaft.

Amerikanische »Weihnachts«-Lieder
Und noch etwas ist typisch: Viele dieser Lieder werden zwar als Weihnachtslieder eingeschätzt, haben jedoch in Wirklichkeit mit dem Fest nichts zu tun. Eines der ersten solcher Lieder war »Jingle Bells«: Entstanden ist es in der Mitte des 19. Jahrhunderts, geschrieben von James Pierpont unter dem Titel »One-Horse Open Sleigh«; es beschreibt eine winterliche – keine weihnachtliche – Schlittenfahrt. Zum Weihnachtslied wurde es erst nach der Aufführung durch einen Kinderchor im Weihnachtsgottesdienst.

Winterlieder als Weihnachtslieder – das ist keine amerikanische Geschichte, auch viele deutsche Winterlieder wurden und werden als Weihnachtslieder verstanden, gespielt und gesungen. Aber diese besondere Stimmung wurde auch von dem 1940 entstandenen Lied »White christmas« weltweit befördert.

Es sind zunehmend auch Elemente der anglo-amerikanischen Weihnacht, die auf diese Weise den Weg zu uns finden, wie die Strümpfe am Kamin und der unverzichtbare Mistelzweig. Das Schlittenglöckchen-Klingeln wird zum Weihnachtsjingle und akkustischen Erkennungszeichen einer inzwischen global-amerikanisierten Weihnachtskultur – wie der Weihnachtsmann zum optischen.

Vom Adventsheiligen zum Weihnachtsmann

»Santa« wird er in dem Rentier-Lied kurzerhand bezeichnet, eigentlich Santa Claus – und dies verrät auch seine Herkunft: Es ist der heilige Nikolaus, bis zur Unkenntlichkeit verzerrt, der hinter der Figur des Weihnachtsmannes steckt. Begonnen hatte die Deformierung des Heiligen, der im 4. Jahrhundert Bischof war in Myra an der Südküste der heutigen Türkei, allerdings schon viel früher und auch in Deutschland selbst. Unter dem Einfluss des Bürgertums und der zunehmenden Säkularisierung entstand aus dem heiligen Bischof Nikolaus, dem Christkind und ihren jeweiligen Begleitfiguren im 19. Jahrhundert eine Kombinations- und Kompromissfigur, der Weihnachtsmann. Sie entwickelte sich wohl zunächst im protestantischen Norden Deutschlands und hatte hier ihr Hauptverbreitungsgebiet. Das äußerliche Erscheinungsbild dieses Weihnachtsmannes festigte sich bis zur Mitte des Jahrhunderts; ein Bild des Malers Moritz von Schwind trug wesentlich dazu bei: das Bild »Herr Winter«. Diese Allegorie der kalten Jahreszeit mit dickem Kapuzenmantel, Stiefel, Christbäumchen im Arm und Stechpalmenblättern um den Kopf ist nach der Volkskundlerin Ingeborg Weber-Kellermann »das erste Konterfei des Weihnachtsmannes«. Dieser Umbruch ermöglichte später auch, den weihnachtlichen Gabenbringer vollends zu entkirchlichen und ihn etwa im kommunistischen Russland durch »Väterchen Frost« zu ersetzen.

Vom 6. Dezember, dem Tag des heiligen Nikolaus, wanderte der Weihnachtsmann zum 25. Dezember weiter, um an diesem Tag seine Gaben zu bringen. Er kommt auch nicht mehr aus Myra, sondern vom Norden her: »Der Winter ist ein rechter Mann«, dichtete schon Matthias Claudius, »kernfest und auf die Dauer.« Er ließ seinen »Herrn Winter« am Nordpol wohnen (mit Sommerresidenz in der Schweiz…), wohin auch »Santa Claus« später zog. Aus dem Esel bzw. Schimmel, die dem Heiligen mit der Zeit beigegeben worden waren, wurden Rentiere, die einen Schlitten ziehen; in dem Gedicht »The night before christmas« aus dem Jahr 1822 werden sie auch mit Namen vorgestellt: Dasher, Dancer, Prancer, Vixen, Comet, Cupid, Donner und Blitzen. Und nun eben auch Rudolph… Längst erscheint Santa als virtuelle Figur, die auf einer Ebene steht mit Hänsel und Gretel »aus dem bekannnten Weihnachtsmärchen« (!) oder auch der winterlichen Märchenfigur Frau Holle.

Gabenbringer

1931 beauftragte die Coca-Cola-Company einen Zeichner zur Gestaltung des Weihnachtsmannes für Werbezwecke. Entstanden ist ein familientauglicher alter Herr mit weißem Bart, schwarzen Stiefeln und Coca-Cola-rotem Mantel. So sehr bringt sich das Unternehmen mit dem Weihnachtsfest in Verbindung, dass es seit 1997 sogar die Auslieferungsfahrzeuge zum Weihnachtssymbol macht: die leuchtenden roten Coca-Cola-Weihnachtstrucks, die während der Adventszeit auch durch deutsche Städte rollen und »Weihnachtsstimmung« verbreiten. Im Innern der über 16 m langen Fahrzeuge befinden sich »ein Wunsch-Studio sowie die Gute Stube von Santa Claus«. Die Grundidee zu dieser Tour, so vermittelt ein Pressetext des Unternehmens weiter, basiert auf einem TV-Werbespot, den die Coca-Cola-Company in Atlanta in Auftrag gab. Dieser Spot sollte für die Zuschauer die typische amerikanische Weihnachtszeit symbolisieren. Bewusst vermittelt ein TV-Spot »Gift of Giving« die Freude am Schenken und unterstreicht damit die jahrzehntelange Verbindung von Coca-Cola mit Weihnachten, besser: dem Weihnachtsgeschäft. So stellt sich im Handel das Unternehmen mit Promotion-Aktivitäten, weihnachtlichen Etiketten und Packungen inzwischen als *die* Weihnachtsmarke dar.

Alte Botschaft unter Tüll verborgen

Das alles, von der Wandlung des bösen Scrooge zum liebens-
werten Menschen bis zum Aufstieg des traurigen Rudolph
zum geschätzten Oberrentier; vom Bedenken und Beschenken
der Benachteiligten bis zum Vorsatz des Gutseins für einen
Tag, ist letztlich in der christlichen Botschaft vom Kind im
Stall verwurzelt. Dieses Kind wird sich entwickeln zum Mann,
der sich der Gebeugten annimmt und sie aufrichtet, der die
Trauer in Freude verwandelt und die Menschen mit der Erfahrung des Heils beschenkt. Eine Botschaft, verborgen unter
Glitter und Tüll, doch wer diese als bloße Verpackung erkennt
und behandelt, kann noch immer das eigentliche Geschenk
finden.

Stop the cavalry
Iona Lewie (1980)

Hey, Mr Churchill kommt hierher, um uns zu sagen,
wie hervorragend wir unseren Job erledigen.
Dabei ist es hier draußen eiskalt im Schnee,
während wir marschieren, um den Feind zu besiegen.
Oh, ich sage: Es ist verdammt hart,
ich hab die Schnauze voll davon –
können Sie die Kavallerie stoppen?

Ich musste fast jede Nacht kämpfen,
all die Jahrhunderte hindurch.
Und deshalb sag ich es, ja fordere ich:
Können Sie die Kavallerie stoppen!?

Zuhause, in der nuklearen Fall-Out-Zone,
da wartet Mary Bradley.
Am liebsten würde ich mit meiner Liebsten im Arm tanzen.
Ich wünschte, ich wäre Weihnachten zuhause!
Dub a dub a dum dum …

Bang! Eine weitere Bombe auf eine andere Stadt,
während Luzar und Jim gemütlich beim Tee sitzen.
Sollte ich das alles überleben, werde ich mein Leben dem
widmen,
die ganze Wahrheit zu erzählen;
ich würde für die Präsidentschaftswahl kandidieren.
Und sollte ich gewählt werden,
würde ich als Erstes die Kavallerie stoppen, bestimmt!

Am liebsten würde ich mit meiner Liebsten im Arm tanzen.
Mary Bradley wartet zu Haus,
sie hat zwei Jahre lang gewartet!
Ich wünschte, ich wäre Weihnachten zuhause!

Weihnachten auf dem Schlachtfeld

Ende 2005 kam ein Film in die Kinos mit dem Titel »Merry christmas«. In diesem Film geht es um ein denkwürdiges Weihnachtsfest im Jahr 1914. Denkwürdig nicht, weil es in die Kriegszeit fiel – das war bei anderen Weihnachtsfesten auch der Fall, leider. Auch nicht, weil es von Soldaten im Schützengraben gefeiert wurde. Auch das geschah viel zu oft – nicht zuletzt sorgten diese Weihnachtsfeiern »im Feld« seit dem Krieg 1870/71 ja sogar für die Verbreitung des Christbaums als des deutschen Weihnachtssymbols schlechthin. Nein, denkwürdig war dieses Weihnachten 1914 im Ersten Weltkrieg deshalb, weil an der Westfront deutsche und englische Soldaten ganz ohne Befehl, von sich aus, ihre Waffen niederlegten und *gemeinsam* Weihnachten feierten.

Es gibt Bilder, Briefe und Berichte von dieser eigentlich unglaublichen Aktion; ein deutscher Soldat schrieb nach Hause: »Um neun Uhr abends werden die Bäume angesteckt, und aus mehr als zweihundert Kehlen klingen die alten deutschen Weihnachtslieder. Dann setzen wir die brennenden Bäume ganz langsam und sehr vorsichtig oben auf die Grabenböschung...« Schließlich verlassen die Soldaten sogar ihre sicheren Unterstände und gehen aufeinander zu: »We not shoot!«, rufen sie, »You not shoot!« – »Wir schießen nicht, schießt ihr nicht!« Mitten im verminten Niemandsland treffen sie sich, Deutsche und Engländer, die noch vor Stunden aufeinander geschossen haben; sie schütteln Hände und umarmen sich, tauschen kleine Geschenke aus – das, was sie eben besitzen oder von zuhause geschickt bekamen: Zigarren, Marmelade, Wurst; und sie unterhalten sich, so gut es geht – man versteht sich auch ohne viele Worte. Noch am Weihnachtstag hält dieser Friede, an manchen Frontabschnitten überdauert er sogar den Jahreswechsel. – Der Publizist Michael Jürgs hat diese erstaunlichste Verbrüderung der Geschichte in einem Buch festgehalten, das er »Der kleine Frieden im Großen Krieg« nannte. Und an diese Geschichte erinnert eben auch der Film »Merry christmas«.

»… da Friede war auf der ganzen Welt«?

Warum verbinden wir mit Weihnachten immer die Vorstellung von Frieden? Frieden, den wir nicht nur für die große Welt, sondern auch für den kleinen Bereich der Familie ersehnen!? Kein anderes Fest, auch nicht Ostern, wo doch der österliche Friede des Auferstandenen gewünscht wird, steht so sehr unter dem Anspruch der Harmonie wie Weihnachten, keine andere Feier beschwört die Zusammengehörigkeit so sehr herauf wie der Heilige Abend. Natürlich, da ist der Gesang der Engel: »Ehre sei Gott in der Höhe und auf Erden Friede den Menschen.« Friede ist ein zentraler Inhalt der Weihnachtsbotschaft.

Friede herrschte scheinbar auch in der ersten Heiligen Nacht auf der Welt, die »pax augusta«, die Epoche großen inneren Friedens für das römische Reich während der Regierungszeit des Kaisers Augustus. Sie wird sogar noch im Weihnachtsgottesdienst besungen, wenn in dem so genannten Weihnachtsmartyrologium verkündet wird: »… im zweiundvierzigsten Jahr der Regierung des Oktavianus Augustus, da Friede war in der ganzen Welt, da wollte Jesus Christus, ewiger Gott und Sohn des ewigen Vaters, die Welt durch seine rettende Ankunft heiligen.« Freilich betraf dieser augusteische Friede vor allem den inneren Frieden und Wohlstand des Reiches – an dessen Grenzen wurde durchaus weitergekämpft. Und über die Jahrhunderte hinweg bis heute wird immer wieder Weihnachten auch in Kriegszeiten begangen.

Das Volk, das im Dunkel lebt

Besonders hart erscheint dies, wenn nicht nur die kämpfende Truppe, sondern auch die Zivilbevölkerung an Weihnachten den schlimmsten aller Gegensätze – Krieg, Not und Tod – am eigenen Leib verspüren muss. Vor allem der II. Weltkrieg brachte den Krieg auch den Menschen zuhause; vom Himmel hoch kamen damals in Deutschland nicht die Engel, sondern die Engländer und Amerikaner mit ihren Bombenflugzeugen. Und während so der Wunsch nach Frieden auf Erden ad absurdum geführt wurde, erschien plötzlich die als Lesung in der Christnacht verkündete Prophezeiung des Jesaja vom Volk, das im Dunkel lebt und ein großes Licht schaut, auf makabre Weise erfüllt. Der Dichter Rudolf Alexander Schröder schrieb 1941 ein Weihnachtslied, das die Situation der Bombennächte widerspiegelt:

> Geht nun im Finstern jedermann,
> liegt Stadt und Land verdunkelt,
> noch zündet Gott ein Lichtlein an,
> das im Verborgnen funkelt …

Über mehrere Jahre hinweg schrieb er seine Weihnachtslieder, von Jahr zu Jahr wird sein Ton düsterer, findet sich die allgemeine Lage darin ausgedrückt. 1944 klagt und bittet er:

> Wir sind das Volk, wir sind's gewiss,
> das wandelt in der Finsternis,
> Lass dein Heil erscheinen!

Auch andere Dichter schrieben solche Weihnachtslieder, die unter dem Eindruck eines Krieges standen und in denen die Botschaft der biblischen Texte eine besonders drückende Aktualität gewann.

»Ich wünschte, ich wäre Weihnachten zuhause«

An eine Art überzeitliches Anti-Kriegslied dachte der englische Musiker Jona Lewie, als er 1980 den Song »Stop the cavalry« veröffentlichte: »I have had to fight, almost every night down throughout these centuries« – »Ich musste kämpfen, fast jede Nacht all die Jahrhunderte hindurch«. Eigentlich ist es gar kein Weihnachtslied, doch wegen der wiederkehrenden Zeile »wish I was at home for christmas« – »Ich wünschte, ich wäre Weihnachten zuhause« und der Instrumentierung mit Glocken (bei den Worten »wish« und »christmas«), Schlittenglöckchen und Brass-Band wird die anglo-amerikanische Christmas-Tradition wie auch die Sehnsucht nach dem weihnachtlichen Frieden zuhause beschworen.

Seither wird dieses Lied auch bei uns, vor allem vor und an Weihnachten, von vielen Sendern gespielt. Und auch, wenn Lewie ausdrücklich Winston Churchill erwähnt, der während des II. Weltkriegs englischer Premierminister war, so hatte er doch den gewissemaßen »ewigen Soldaten« im Sinn, wie die Zusammenstellung der Begriffe »Kavallerie« und »nukleare Fall-out-Zone« zum Ausdruck bringen. Ja, eigentlich ist »Kavallerie« nur Synonym für die ganze Kriegsmaschinerie. Im Videoclip des Songs werden jedoch Bilder und Szenen des I. Weltkrieges gezeigt und nachgestellt: Soldaten in den Schützengräben, beim Sturmangriff, im Lazarett und zuhause vor dem Weihnachtsbaum. Es scheint, als ob auch hierin das nachdrückliche Erleben der Kriegsweihnacht im Feld während des Ersten Weltkriegs aufscheint.

Sehnsucht nach dem verlorenen Paradies

Doch noch einmal zurück zu der Frage, warum wir gerade mit Weihnachten immer den Wunsch nach Frieden verbinden, gerade an Weihnachten zuhause sein wollen. Ganz sicher sind wir an diesem Tag emotional anders berührt; Weihnachten ist auch ein Fest, an dem wir uns gern zurückerinnern an unsere Kindheit, an die Feiern, die wir im Kreis der Eltern und Geschwister erlebt hatten, als wir vielleicht noch unbeschwerter feiern konnten, als Wünsche zumindest gehört oder auf dem Wunschzettel entgegengenommen wurden und man sich auf ihre Erfüllung freuen durfte. Diese Harmonie, dieses Gefühl, geliebt zu werden, verstanden und geborgen zu sein, sucht jeder Mensch im weiteren Leben immer wieder. Weihnachten erinnert uns daran, dass man diese Geborgenheit tatsächlich erleben kann. Und manchmal erleben wir diese Ahnung von Harmonie und Frieden auch zu anderen Gelegenheiten, etwa wenn Mauern, die eigentlich ein Jahrhundert stehen sollten, plötzlich fallen, wie damals, 1989, am 9. November, als wildfremde Menschen sich um den Hals fielen, als ein nicht mehr geglaubtes Wir-Gefühl die Menschen vereinte. Geschichten, so unwirklich schön, dass sie einem die Tränen in die Augen treiben können.

In solchen Momenten, in denen ein Gefühl in uns aufwallt und hochsteigt und von uns Besitz ergreift, ist es, als ob uns die Ahnung einer immerwährenden Harmonie und Geborgenheit überkommt, das Wissen um den wirklichen Frieden: das verlorene Paradies. – »Heut schließt er wieder auf die Tür zum schönen Paradeis, der Cherub steht nicht mehr dafür, Gott sei Lob, Ehr und Preis« heißt es in Nikolaus Hermans Weihnachtslied. Weihnachten will und kann uns eine Ahnung vom verlorenen Paradies vermitteln, nicht nur gefühlsmäßig, auch theologisch: Durch die Geburt Jesu ist das, was getrennt war, zusammengekommen, Gott ist einer von uns geworden. Es ist eine eigentlich noch unglaublichere Fraternisierung, Verbrüderung, als zu Weihnachten 1914: Gott ist im wahrsten Sinn unser Bruder geworden, in Jesus Christus hat sich das Himmlische mit dem Irdischen vereint. So schrieb auch der heilige Johannes Chrysostomus, Bischof von Konstantinopel im 4. Jahrhundert zum Gesang der Engel »Ehre sei Gott in der Höhe und auf Erden Friede und den Menschen ein Wohlgefallen«: »Was heißt ›Wohlgefallen‹? Versöhnung. Der Himmel ist durch keine Zwischenwand mehr getrennt.«

Wenn Mauern überwunden werden und Wände fallen, Kriege und Feindschaften beigelegt, Getrennte vereint und Gegensätze versöhnt werden, dann berühren sich Himmel und Erde. Dann bekommen wir eine Ahnung vom Paradies, das uns offen steht, in dem Gott uns willkommen heißt. Weihnachten will uns zeigen, dass diese Ahnung Wirklichkeit geworden ist, auch im Krieg. Das klingt zwar so unglaublich wie Weihnachten 1914 im Feld. Aber auch so unglaublich schön.

Do they know it's christmas
Band Aid (1984)

Es ist Weihnachtszeit: Wir müssen keine Angst haben;
zur Weihnachtszeit lassen wir Licht herein und verbannen
die Schatten.
Und in unserer Überfluss-Welt können wir ein Lächeln
der Freude verbreiten.
Schließ die Welt in deine Arme zur Weihnachtszeit.
Aber sprich ein Gebet, bete für die anderen.
Zur Weihnachtszeit ist es schwer; aber wenn du Spaß hast:
Es gibt eine Welt außerhalb deines Fensters, eine Welt aus
Furcht und Angst,
wo das einzige Wasser, das fließt, ein Tränenstrom ist,
und die Weihnachtsglocken, die dort läuten,
das gellende Geläut des Untergangs sind.
So dankt Gott heute Nacht dafür, dass sie es sind und
nicht ihr.
Und es wird dieses Weihnachten keinen Schnee in Afrika
geben;
das größte Geschenk, das sie dieses Jahr erhalten, ist
Leben.
Dort, wo niemals etwas wächst, wo weder Regen strömt
noch ein Fluss:
Wissen sie überhaupt, dass es Weihnachten ist?
Dies ist für euch. Erhebt das Glas auf jeden!
Dies ist für sie, unter dieser brennenden Sonne:
Wissen sie überhaupt, dass Weihnachten ist?
Nährt die Welt – lasst sie wissen, dass Weihnachten ist.
Nährt die Welt – lasst sie wissen, dass Weihnachten ist.

Weihnachten und Nächstenliebe

Am 25. November 1984 trafen sich über dreißig Künstler verschiedener britischer Pop-Bands in einem Londoner Studio, um einen Song aufzunehmen, den Bob Geldof (von den »Boomtown Rats«) und Midge Ure (»Ultravox«) geschrieben hatten. Einen Tag nur dauerte diese Aufnahme, an der sich auch namhafte Größen wie Bono, Paul Young, Phil Collins, Boy George (der eigens mit einer »Concorde« aus New York eingeflogen wurde) und andere beteiligten. »Band Aid« nannte sich dieses Projektgruppe – ein »Who's who« der damaligen britischen Popszene –, und die Platte wurde am 3. Dezember unter dem Titel »Do they know it's christmas« veröffentlicht. Sie sprang gleich auf Platz 1 der britischen Charts und verkaufte sich dank der starken Medienunterstützung innerhalb der nächsten Wochen vor und nach Weihnachten so phantastisch, dass sie mehrere Millionen Pfund an Erlös einspielte, die in die Bekämpfung der Hungersnot in Äthiopien flossen.

Bob Geldof war durch eine BBC-Reportage über das Leid in diesem afrikanischen Land zu der Aktion veranlasst worden. Seine Idee, verschiedene Künstler in einem Plattenstudio zu versammeln und sie gemeinsam einen Benefiz-Song singen zu lassen, wirkte ansteckend: In Amerika waren es »USA for Africa«, die im Mai 1985 den von Lionel Ritchie und Michael Jackson geschriebenen Titel »We are the world« aufnahmen; in Deutschland organisierte Herbert Grönemeyer eine »Band für Afrika«, die Anfang 1985 »Nackt im Wind« einspielte. Allerdings hatten diese Songs im Gegensatz zu »Do they know it's christmas« keinen weihnachtlichen Bezug, wohl auch, weil der Aufnahmetermin später lag. Doch die textlichen und musikalischen Anklänge an das Weihnachtsfest in Bob Geldofs Song liegen nicht nur in der bewusst gewählten Zeit seiner

Veröffentlichung begründet. Der von allen Künstlern auf der Platte immer wieder gesungene Chorus »Feed the world: Let them know it's christmas time« – »Nährt die Welt: Lasst sie wissen, dass Weihnachten ist« steht in einem ganz alten Zusammenhang des Weihnachtsfestes mit der Sorge um die Hungernden und wirklich Bedürftigen und wurde hier auf neue Weise spektakulär zum Ausdruck gebracht.

Urmenschliche Zusammenhänge
Der Gedanke, bei großen Feiern diejenigen mit einzubeziehen, denen es nicht gut geht und die bedürftig sind, ist alt und auch schon biblisch belegt: Als dem aus Babylonischer Gefangenschaft nach Jerusalem zurückgekehrten Volk Israel erstmals wieder das Wort Gottes verkündet wurde, sagte der Schriftgelehrte Nehemia: »Nun geht, haltet ein festliches Mahl, und trinkt süßen Wein! Schickt auch denen etwas, die selbst nichts haben; denn heute ist ein heiliger Tag zur Ehre des Herrn« (Neh 8,10). Diejenigen, »die nichts haben«, waren in biblischer Zeit hauptsächlich Witwen, Waisen, Leviten, Sklaven, Fremde. Sie hatten keinen Besitz und waren deshalb bei Festen auf einen Anteil an den Gaben anderer angewiesen. Zugleich waren sie gewissermaßen ein Abbild der Israeliten, die in Ägypten als Sklaven gelebt hatten.

Es sind also zunächst ganz tief-menschliche Verhaltensweisen, die an großen Festen zum Teilen der Freude mit Bedürftigen drängen: Eingedenk der eigenen Erfahrung, von Gott beschenkt zu sein, gibt man diese Freude als Anteil am Fest weiter. In den Evangelien fordert Jesus zu dieser Gesinnung der Barmherzigkeit auf, indem er das Beispiel nennt, bei einem Gastmahl gerade diejenigen einzuladen, die es einem nicht vergelten können. Er selbst hatte dies in seinen Mählern mit Sündern und Zöllnern, Menschen die am Rand der Gesellschaft standen, ja auch praktiziert.

Die Erinnerung an diese Zusammenhänge von Festmahl und Armenspende blieb über die christliche Antike und das Mittelalter hinaus bis in unsere Zeit gewahrt – besonders an Weihnachten. Im 6. Jahrhundert sprach Bischof Caesarius von Arles in einer Predigt dieses Werk der Barmherzigkeit als angemessene Vorbereitung auf das Weihnachtsfest an: »Frommt es auch, jederzeit Almosen zu geben, so sollen wir doch vornehmlich an den heiligen Festen nach Kräften reichlicher austeilen. Vor allen Dingen sollen wir die Armen häufiger zu Tisch laden. Denn es wäre nicht recht, dass an einem heiligen Fest im christlichen Volk, das einem Herrn angehört, die einen sich berauschen, die anderen von Hungersnot gequält werden. Warum sollte der Arme nicht mit dir speisen, der mit dir die Herrschaft empfangen wird? Warum sollte er unwürdig sein, wenigstens die Überreste von deinem Essen zu bekommen, der mit dir zum Gastmahl der Engel gelangen wird?«

Formen der Spende

Die »Überreste des Essens«, von denen Caesarius spricht, wurden an besonderen Festtagen nicht selten von den Kindern und Armen erbettelt, besser gesagt: erheischt: Gegen das Singen eines Liedes an den Türen der Häuser (Heischelied) wurde den Bittenden etwas vom guten Essen (später auch von anderen Gaben) mitgegeben. Die Winterzeit mit ihren Schlachtterminen bot ursprünglich eben auch den weniger Vermögenden die Möglichkeit, an den Genüssen der Wohlhabenderen teilzuhaben. Diese unmittelbaren und not-wendigen Zusammenhänge verloren sich in den vergangenen zwei Jahrhunderten immer stärker, weshalb der Heischebrauch (z. B. am Martinstag) in seinen Grundzügen heute auch kaum noch vorhanden bzw. erkennbar ist.

An Weihnachten war und ist es auch üblich, die bedürftigen (und alten) Menschen an der Freude teilnehmen zu lassen, indem man sie von sich aus beschenkt – auch in der Form der Einladung zum Essen. Im gehobenen Bürgertum hatte man sogar eigene »Haus-Arme«, die zu den großen Festen ein Essen oder Geschenk erhielten. Im 19. Jahrhundert war es vor allem das diakonische Anliegen Johann Hinrich Wicherns und der »Inneren Mission«, materiell wie geistlich die Armen zu versorgen. Der allgemeine Liebesbegriff sollte konkrete Ausprägungen in der Hilfe, Mitmenschlichkeit und Solidarität erhalten. Auch katholische Initiativen, z. B. Vinzenz- oder Elisabeth-Vereine, baten in den Wochen vor Weihnachten u. a. mittels Anzeigen in den Zeitungen um Spenden und Gaben für die Armen. Diese Idee, Arme, Kranke, Waisenkinder und Notleidende zu beschenken, lebt heute auch fort im »Adveniatopfer«, in »Brot für die Welt« und caritativen Aktionen, die von den verschiedensten Institutionen vor Weihnachten gestartet werden. Aber auch in Formen, für Nicht-Sesshafte und Alleinstehende den Heiligen Abend – etwa in einer Kirche – mit einem Essen zu gestalten.

Neben das materielle Beschenken der Armen tritt auch das geistliche Gedenken im Gebet; es wird damit Bestandteil nicht nur des Weihnachtsrituals, sondern auch der häuslichen Andacht am Heiligen Abend. In den Fürbitten an diesem Abend, wie sie von manchen Hilfen angeboten werden, tauchen nicht nur die verschiedenen »Bedürftigen« auf, auch der Benachteiligten wird gedacht.

Feed the world

All das spiegelt sich auch in dem »Band-Aid«-Song wider: »In unserer Welt des Überflusses können wir ein Lächeln der Freude verbreiten. Schließ die Welt in deine Arme – zur Weihnachtszeit.« Der Wohlstand, den wir haben, drückt sich auf verschiedene Weise aus: dass wir ohne Angst leben können, dass wir Spaß miteinander haben, Wasser – ja sogar Schnee.

Und demgegenüber eine Welt mit Schrecken und tödlicher Angst, mit Tränen und Trauer, wo nicht die Glocken zum Gottesdienst läuten, sondern die Schreie der Hungernden den Untergang ankündigen. Wir verdrängen diese Welt oft genug aus unserem Bewusstsein, auch an Weihnachten. Aber es ist Zeit, der Menschen zu gedenken – im Gebet, mehr aber noch in der Tat: »Feed the world« – »Nährt die Welt«! Erst dadurch erfahren sie überhaupt, dass Weihnachten ist, ja vielleicht, was Weihnachten bedeutet: »Let them know it's christmas.«

Christliche Idee verselbstständigt

Trotz textlicher Anspielungen und musikalischer Anklänge (Glockenklänge) an Weihnachten kommt das Lied ohne inhaltlich-religiösen Bezug auf das Weihnachtsfest aus. Das scheint in dem Kontext der Benefiz-Aktion auch nicht nötig zu sein, es drückt aber auch zugleich aus, dass die weihnachtliche Idee der weitergegebenen Freude sich längst verselbstständigt hat.

Dazu scheint zu passen, dass ganz offiziell – zumindest in den USA – Weihnachten auch kein christliches Fest mehr ist. So beschied das US-Justizministerium einem Juristen, der auf die Abschaffung des Weihnachtsfestes geklagt hatte, weil der Weihnachtsfeiertag die verfassungsmäßige Trennung von Staat und Kirche verletze: »Weihnachten ist inzwischen ein säkularer Feiertag, da die meisten weihnachtlichen Symbole mit dem Christentum nichts zu tun oder ihre Beziehung zum Christentum längst verloren haben.« Die englische Stadt Birmingham hatte, so war zu lesen, mit Rücksicht auf den hohen muslimischen Bevölkerungsanteil die Weihnachtszeit abgeschafft und durch die Wortschöpfung »winterval« ersetzt.

Im Sinne der multikulturellen Hilfsaktion von »Band Aid« wäre ein Hinweis auf die Menschwerdung Gottes in Jesus Christus wohl nur hinderlich gewesen – schließlich wollte man nicht nur Christen, sondern Angehörige aller Religionen und Glaubensrichtungen ansprechen und zur klingenden Gabe ermuntern. Mit Erfolg: Nach zwanzig Jahren, 2004, wurde der Song von verschiedenen Künstlern, von denen manche 1984 noch nicht einmal geboren waren, unter dem Namen »Band Aid II« erneut aufgenommen und erreichte wiederum Platz 1 der Hitliste. Ein Lied geht um die Welt – und eine Idee der Barmherzigkeit, die von dem ausging (auch wenn er nicht genannt wird), der sich der Armen und Hungernden annahm und der an Weihnachten als Mensch gewordener Gott geglaubt wird.

Uns ist ein Licht aufgegangen
Wilhelm Willms

Uns ist ein Licht aufgegangen,
ihm folgen wir.
Wir haben Lunte gerochen
im leeren Stroh.

Uns ist ein Licht aufgegangen,
ihm folgen wir.
Wir haben Brücken gesprengt,
nicht mehr zurück.

Uns ist ein Licht aufgegangen,
ihm folgen wir.
Wir haben den Stab gebrochen
über uns selbst.

Uns ist ein Licht aufgegangen,
ihm folgen wir.
Uns sind die Augen aufgegangen
über dem Kind.

Betlehem ist überall

»Es gibt keine Maikäfer mehr«, sang vor Jahr und Tag Rein-
hard Mey voll Wehmut, und der Kirchenmusiker Martin G.
Schneider dichtete: »Manchmal denk ich: es gibt keine Weihnacht für mich wie vor Jahren …« Dahin, dahin: Ist es denn
auch mit den Weihnachtsliedern so, wie mit den Maikäfern?
Geht es nur noch so, »wie die Alten singen«, oder bringt auch
unsere Zeit neue Lieder hervor? Und nicht nur neue Lieder,
vielleicht auch neue Aspekte des alten Festes, etwas, das bisher

verborgen geblieben war unter der Decke des Brauchtums und des Immergleichen? Natürlich gibt es jede Menge an Schlagern, Pop- und Rocksongs, die vor allem mit viel Schlittenglöckchenklingeln weiße Weihnacht beschwören. Kindliche Weihnachtswelten halten Rolf Zuckowski und Co. besetzt. Das Kirchenlied scheint sich im Vergleich zu den neuen Klängen und Texten schwerzutun, dem überkommenen Fest zeitgemäße Aspekte abzugewinnen. Doch halt! Es gibt ja auch das »neue geistliche Lied«, das zwar heute – zumal als Begriff – auch schon etwas angegraut daherkommt und nach Parka und Jesuslatschen klingt, das aber tatsächlich im alten Buch neue Seiten aufschlägt.

Frische Luft

»Rhythmische Lieder«, wie man sie auch nicht zuletzt durch die Aufführungspraxis nannte, entstanden vor allem seit den 60er-Jahren des 20. Jahrhunderts. Sie waren und sind eher textlich an der Lebenswelt Jugendlicher orientiert, musikalisch an Spirituals und Gospels, an Jazz, Beat und Rock, aber auch am Chanson, an (israelischen) Volksliedern und manch anderen Strömungen der Musik orientiert. Das trug ihnen von der einen Seite viel Kritik ein – bis heute –, von der anderen wurden sie als Entstaubung des überkommenen Liedgutes begrüßt. Der Protestslogan »Unter den Talaren der Muff von tausend Jahren« galt für viele jüngere Menschen sicherlich nicht nur im Blick auf die Universitätsprofessoren, sondern auch auf die Talare der Pastoren und Priester und vor allem ihre gottesdienstlichen Ausdrucksformen.

Im kirchlichen Milieu änderte sich in den 60er-Jahren ja ebenfalls vieles. Auch wenn es ein katholisches Geschehen war, lässt sich das II. Vatikanische Konzil (1963–1966) als Symbol für die Erneuerung des Glaubensausdrucks jener Zeit sehen. 1959 hatte der damalige Papst Johannes XXIII. ein ökumenisches Konzil angekündigt; auf die Frage, was er sich davon erhoffe, habe der Pontifex das Fenster seines Zimmers weit geöffnet und gesagt: »Dass es frische Luft hereinlässt!« Die Szene scheint zwar so nicht stattgefunden zu haben (schon deshalb nicht, weil Johannes XXIII. gar keine Zugluft vertragen habe…), doch auch wenn sie nicht wahr ist, so ist sie doch gut erfunden, denn sie spiegelt tatsächlich die mit diesem Konzil noch immer verbundenen Hoffnungen, Wünsche und die Überzeugung vieler Christen wider: frische Luft auch für den Gottesdienst, auch für die Verkündigung, auch für die Musik!

Weihnachten entkleidet

Auch für Weihnachten? Die Feier des Weihnachtsfestes war in ebenjener Zeit in eine Krise geraten. Zu allen Zeiten ist Weihnachten immer auch den Einflüssen der jeweiligen Kultur ausgesetzt gewesen, die ihre Spuren mehr oder weniger in der Begehung des Festes hinterließen. In der 2. Hälfte des 20. Jahrhunderts hatte man die unseligen Einflüsse der nationalsozialistischen Ära (Propagierung nordischer Herkunft, Lichterkult, Familien- und Mutteridylle) glücklicherweise überwunden, da wurde bereits der neue Konsumkult, der das Wesen des Festes völlig zu überdecken drohte, zunehmend spürbar. Die ja ursprünglich in der häuslichen Andacht wurzelnde familiäre Krippenfeier nahm immer mehr den Ausdruck einer reinen »Bescherung« an, wogegen nun vielfach der Verzicht auf den »Konsumwahn« propagiert wurde. Die aus der Hausväterlichkeit stammenden Verhaltensmuster am Heiligen Abend mit der strengen Rollenzuweisung an Eltern und Kinder gerieten im Zuge der aufkommenden antiautoritären Erziehung außer Kontrolle, an die Stelle der angepassten Friedlichkeit traten nicht selten Rebellion und Verweigerung. Auch theologisch wurden »Fragwürdigkeiten« aufgedeckt:

Die Geschichte von Jesu Geburt, wie sie Lukas und Matthäus schildern, habe, so zeigte es die historisch-kritische Bibelforschung, jedenfalls *so* nicht stattgefunden. Die Wanderung der Eltern von Nazaret nach Betlehem, der Stall, die Hirten, die Verkündigung des Engels, auch das Kommen der Weisen aus dem Morgenland – nichts davon ist im historischen Sinne wirklich wahr.

Die Krippe als Handlungsimpuls…
Was bleibt dann noch von Weihnachten? Nur ein Mythos, ein Familienidyll, ein Geschenkefest? Wer an diesen Äußerlichkeiten festhält, dem entgeht, dass Weihnachten eigentlich ein revolutionäres Fest ist. Weihnachten bedeutet: Gott wird Mensch, der »Schöpfer aller Ding« wird geboren, der von Ewigkeit her Seiende ein kleines Kind; die Erniedrigten werden erhöht, die Menschen erhalten Anteil an der Würde Gottes. Die Feier dieser eigentlich nur im Paradox auszudrückenden Botschaft darf sich nicht auf die Betrachtung des Einst und Dort beschränken, die Botschaft vom ganz anderen Gott muss immer wieder auch umgesetzt und in Bewegung gebracht und aktualisiert werden: Betlehem ist immer und überall.

Sage, wo ist Betlehem, wo die Krippe, wo der Stall?
Musst nur sehen, musst nur gehen – Betlehem ist überall.

Sage, wo ist Betlehem? Komm doch mit, ich zeig es dir!
Musst nur gehen, musst nur sehen – Betlehem ist jetzt und hier.

Sage, wo ist Betlehem? Liegt es tausend Jahre weit?
Musst nur gehen, musst nur sehen – Betlehem ist jederzeit.

So dichtete Rudolf Otto Wiemer 1975. Ähnlich wird in anderen Liedern dieser Zeit gesungen: »Jesus ist geboren in Betlehem und überall ...« – »Jesus war in Betlehem, Jerusalem und Jericho – heut ist er in aller Welt, an diesem Ort und anderswo.« Der Stall als Ausdruck der menschlichen Not soll daher nicht (nur) in den Kirchen aufgesucht und besichtigt werden, Weihnachten bedeutet, zu den Ställen, d. h. der Not unserer Zeit, zu gehen und dort den zu finden, dem die menschliche Not nicht fremd war, wie es Josef Reding in einem Lied ausdrückte:

Geht zu den Ställen heute Nacht, wagt neue, unbekannte Schritte! Sucht den, der allen Frieden macht und der die Liebe trägt zur Mitte.

Geht zu den Armen heute Nacht, die nirgends ein Zuhause haben! Verlasst den Glanz, kommt aus der Pracht und bringt den Hungernden die Gaben.

Geht zu dem Kinde heute Nacht, dem weder Bett noch Tisch zu eigen. Geht zu dem Kinde heute Nacht. Es wird euch Gottes Antlitz zeigen.

Es ist eine Fortführung des alten franziskanischen Ideals, Christus im Armen zu begegnen, wie es ja die Krippe im Wald zu Greccio ausdrücken wollte. Gleichzeitig wird aber die Gefahr einer reinen Krippenfrömmigkeit durchbrochen, indem der Blick auf jeden Ort gelenkt wird, der die Bedürftigkeit zeigt. Die Krippe und Weihnachten, das wird in den neuen Liedern sehr deutlich, sind nicht *Ziel* der Frömmigkeit, sondern ihr *Impuls*, ihr Handlungsauftrag; sie dienen nicht der Schau, sondern der Sendung: Dort, dann und dazu ist Christus geboren, wo, wenn und dass Menschen nach seiner Botschaft zu handeln beginnen (Kurt Rommel).

Wer kann mir sagen wo (wann; wozu) Jesus Christus geboren ist?

Dort (Dann; Dazu) ist Christus geboren,
wo (wenn; dass) Menschen beginnen, menschlich zu handeln,
und sich besinnen, die Welt zu verwandeln.
Dort (Dann; Dazu) ist Christus geboren.

Uns ist ein Licht aufgegangen – wir folgen ihm!
Und dieses Evangelium verpflichtet, es gibt kein Zurück mehr. In einem etwas anderen Weihnachtslied hat der Theologe und Dichter Wilhelm Willms diese Unumkehrbarkeit ausgedrückt. Anders ist dieses Weihnachtslied deshalb, weil weder der Stall noch Betlehem, nicht Maria und Joseph, keine Hirten und Engel vorkommen, sodass man sich schon fragen kann, ob es überhaupt eines ist. Doch es sind nicht nur die Stichworte Licht, Stroh und Kind, die diese Frage bejahen lassen.

Man mag an die Weisen aus dem Morgenland denken, denen »ein Licht aufging«, und die sich daraufhin – sie hatten »Lunte gerochen« – auf den Weg machten, dem Licht folgten. Sie fanden das Kind in der Krippe; doch wenn wir nach Betlehem gehen, kommen wir zu spät, das Stroh ist leer: Christus muss anderswo gefunden werden.

Wer dem Licht folgt, für den geht der Weg nur noch nach vorn, zum alten Leben werden »Brücken gesprengt«: Keiner, der die Hand an den Pflug gelegt hat und nochmals zurückblickt, taugt für das Reich Gottes, so sagt es Jesus selbst (Lk 9,62).

Gottes Barmherzigkeit lässt sich finden, wenn man bereit ist, »den Stab zu brechen« über sich selbst und nicht über andere. Wenn einem »die Augen aufgehen«, dann weiß man Bescheid. Da erfährt man etwas, was vorher nicht so erkannt wurde. Als die Jünger in Emmaus einkehrten und ihnen der unbekannte Wanderer das Brot brach, »da gingen ihnen die Augen auf, und sie erkannten ihn« (Lk 24,31).

Das also ist die Botschaft dieses Liedes: Wenn wir bereit sind, dem Licht der Erkenntnis Gottes zu folgen; wenn wir uns auf den Weg machen auf die bloße Hoffnung und den schieren Glauben hin; wenn wir bereit sind, nach vorn zu gehen und nicht wehmütig zurückblicken; bereit umzukehren, wo wir falsch laufen – dann, ja dann werden uns einmal die Augen aufgehen, und wir werden den Herrn in seiner Herrlichkeit schauen – vielleicht nicht in Betlehem, aber hier und jetzt.

Was hat wohl der Esel gedacht
Manfred Siebald (1978)

1. Was hat wohl der Esel gedacht in der Heiligen Nacht,
als er plötzlich die Fremden sah im Stall?
Vielleicht hat er Mitleid verspürt, hat das Bild ihn gerührt,
und er rückte zur Seite sehr sozial.
Vielleicht aber packte ihn die Empörung: Welch eine
nächtliche Ruhestörung!
Kaum schlafe ich Esel mal ein, schon kommen hier Leute
herein.

2. Und dann lag da vor ihm das Kind, und er dachte: Jetzt
sind es schon drei. Was ist das für eine Nacht!
Da hält mir das Kind doch zuletzt meine Krippe besetzt.
Und er polterte völlig aufgebracht:
Ich lasse ja manches mit mir geschehen, doch wenn sie mir
an mein Futter gehen,
ist's mit der Liebe vorbei. Und er dachte an Stallmeuterei.

3. Er wusste ja nicht, wer er war, den die Frau dort gebar,
hatte niemals gehört von Gottes Sohn.
Doch wir wissen alle Bescheid und benehmen uns heut
noch genau wie der Esel damals schon.
Denn Jesus darf uns nicht vom Schlaf abhalten, nicht
unsern liebsten Besitz verwalten.
Doch wer ihm die Türen aufmacht, der hat jeden Tag
Heilige Nacht.

Ochs und Esel in uns

Eigentlich erstaunlich – sie waren dem Kind am nächsten und sind oft doch bis heute nur Randfiguren: Ochs und Esel, in deren Futterkrippe man das Neugeborene gelegt hatte. Sie stehen gleichzeitig stellvertretend für die große Schar von Tieren, die in den Liedern genannt, auf den Bildern der Weihnacht dargestellt und an den Krippen aufgestellt werden: Schafe und Hunde, die mit den Hirten von Feldern zum Stall liefen, Pferde, Kamele und Dromedare, auf denen die drei Heiligen Könige herangezogen kamen, Hühner und Lämmer, Kitze und Eichhörnchen, die dem Kind und seinen Eltern zum Geschenk gemacht werden, Nachtigallen und allerlei andere gefiederte Wesen, die mit den Engeln um die Wette sangen… Sie sind nicht nur Ausschmückung der Weihnacht, sondern von der Geburt des Gottessohnes auch betroffen, ist doch alle Schöpfung, wie es im Neuen Testament heißt, in ihn und auf ihn hin geschaffen (Kol 1,16).

Doch Ochs und Esel gehören nochmals ganz anders dazu. Schon auf den frühesten Darstellungen der Geburt sind sie zu sehen, ja bisweilen sind nur sie es und das Kind – nicht einmal die Mutter –, die das Geschehen in der Höhle oder im Stall illustrieren oder andeuten. Zentrale Bedeutung also kommt ihnen eigentlich zu.

Alttestamentliche Bilder

Dabei ist von ihnen in den Evangelien überhaupt keine Rede – weder Lukas noch Matthäus erwähnen sie, obgleich sie uns doch gewissermaßen einen ersten kleinen Einblick in die Krippe gewähren. Nicht einmal als Reit- und Lasttier auf dem beschwerlichen, etwa 140 km langen Weg von Nazaret nach Betlehem oder gar auf der Flucht von dort nach Ägypten wird ein Esel erwähnt. Die Anwesenheit und Nutzung solcher

Tiere ist für die Evangelisten so selbstverständlich, dass sie darüber kein eigenes Wort verlieren. Zwar findet man sie erwähnt in der apokryphen (nicht zur Bibel gehörenden) Kindheitsgeschichte des so genannten »Pseudo-Matthäus«, die ist aber erst sehr viel später entstanden und kann damit nichts zur Herkunft beitragen.

Tatsächlich muss man sehr weit zurückgreifen – in Texte des Alten Testaments. Die Szene des neugeborenen Kindes inmitten von Ochs und Esel findet sich schon beim Propheten Habakuk angedeutet, wo es (in der griechischen Übersetzung) über das Kommen Gottes heißt: »Inmitten zweier Tiere wirst du erkannt werden« (Hab 3,2). Und dass diese zwei Tiere wiederum Ochse und Esel sind, konnte man gewissermaßen aus einer anderen Bibelstelle schließen; denn beim Propheten Jesaja heißt es – die Habakuk-Stelle geradezu ergänzend – über die Untreue des Volkes gegenüber Gott: »Der Ochse kennt seinen Besitzer und der Esel die Krippe seines Herrn; Israel aber hat keine Erkenntnis« (Jes 1,3). Wahrscheinlich war es das sowohl hier als auch von Lukas verwendete Wort »Krippe«, das die Brücke zu den beiden Tieren bildete.

In geistlicher Deutung

Vielleicht war Origenes, einer der fruchtbarsten Schriftsteller der christlichen Antike, der im 3. Jahrhundert lehrte, der Erste, der über die beiden Tiere an der Krippe mit Blick auf die Jesaja-Stelle spricht: Weil der Ochse dem biblischen Gesetze nach ein reines Tier ist, kann er als Symbol Israels gelten, während der Esel als unreines Tier für die Heiden steht.

Gregor, Bischof der kleinasiatischen Stadt Nyssa im 4. Jahrhundert, greift später dieses Bild auf und malt es weiter aus: »Der Ochs ist der, welcher an das Gesetz gespannt ist; der Esel ist das lasttragende Tier, das beladen ist mit der Sünde des Götzendienstes.« Und zwischen beiden liegt das Kind, der

Herr beider Tiere, der dem einen das schwere Joch des Geset-
zes abnimmt, das andere von der Last des Götzendienstes
befreit. So finden die beiden un-vernünftigen, sprach-losen
Tiere (griechisch: »aloga zoa«) also das Wort (griechisch
»logos«), das Fleisch geworden ist. Und in den östlichen
Hymnen heißt es daher: »Christus, Gottes unermessliche
Weisheit … will nun in einer Höhle, ja in der Krippe wort-
loser Tiere jenseits allem Wort im Fleisch geboren werden.«

Nur noch Genre-Szene
Nicht nur in die östlichen Hymnen, auch in die westlichen
Weihnachtslieder fanden die beiden Tiere Eingang: »Das
Öchslein und das Eselein / Eselein / erkannten Gott, ihr'n
Herren fein, Halleluja«, heißt es noch im Lied »Ein Kind
geborn zu Betlehem« (»cognovit bos et asinus, Alleluia. /
Quod puer erat Dominus. Alleluia.«).
Das Aufgreifen der beiden alttestamentlichen Stellen und
ihre allegorische Auslegung durch verschiedene Kirchenväter
steht also am Anfang der Erwähnung von Ochs und Esel. So
wichtig wird diese Aussage, dass das Kind als Gott erkannt
werden will, dass die beiden Tiere eben auch auf den ersten
Bildern der Menschwerdung Christi, die aus dem frühen 4.
Jahrhundert stammen, erscheinen. Und bis heute gehören
Ochs und Esel zum festen Bestand einer Weihnachtskrippe.
»Aber seit der Aufklärung hat man vergessen, warum sie
eigentlich an der Krippe stehen. Sie erscheinen den meisten
Menschen als eine Art bukolisches Beiwerk zur Ausschmückung einer Genre-Szene. Nur noch wenige Gläubige wissen,
dass Ochs und Esel als sprechende Symbole an der Krippe stehen. Nicht sentimentale Schäferromantik hat sie an die Krippe
gebracht, sondern eine in Sachbezügen denkende symbolische
Theologie« (Marius Reiser). Und so deuten sie selbst da noch
die ländliche Stimmung an, wo das alte Habakuk-Bild durch-

schimmert, wie etwa in dem Lied »Auf, auf! Ihr Buben, alle gschwind auf! /... / Allen ein Kindlein geboren tut sein, / es liegt in der Krippen beim Vieh in der Mitten, allein.«

Sprechende Symbole

Sind sie also zunächst mehr Sinn-Zeichen, mehr Symbol als wirkliche »Augenzeugen« der Geburt des Herrn? Vielleicht auch im wahrsten Sinn des Wortes »sprechende Symbole«? Zumindest handelnde: Über das Verhalten der beiden Tiere gegenüber dem Neugeborenen gibt es auch schon bald Auskünfte. Der schon genannte Pseudo-Matthäus schreibt, dass Ochs und Esel das Kind anbeteten, als es in die Krippe gelegt worden war – weist also gleich darauf hin, dass *sie* das Kind als Gott erkannten... Aurelius Prudentius, ein großer Dichter aus der Zeit der christlichen Antike, schildert in einem Hymnus, wie die Wiege des Stalles von den stummen Tieren verehrt und angebetet wird – und sie so ein Vorbild für uns sind, wie wir auch zur Erkenntnis gelangen sollen. Vielleicht hat man in diesem Verständnis den Tieren auf mittelalterlichen Gemälden auch gelegentlich fast menschliche Gesichter gegeben.

Manche Hirten- und Krippenlieder späterer Zeit, in denen die Ländlichkeit der Betlehem-Szene ausgemalt wird, stellen dar, wie die Tiere im Stall den Menschen Wärme spenden. Und Friedrich Spee, dem wir auch das »Zu Betlehem geboren« verdanken, dichtete in einem anderen Weihnachtslied (»Der Wind auf leeren Straßen«): »Nun blaset zu, ihr beiden, / Mit süßem Rosenwind, / Ochs, Esel, seid bescheiden / Und wärmt das nackte Kind.«

Die Tiere zum Vergleich

Die Bescheidenheit des Esels wird auch gelegentlich herausgestrichen: »Von den Figuren, die um die Krippe stehen, ist die demütigste der Esel.« So formulierte dies Albino Luciani in seiner »Lektion des Weihnachtsesels« – als späterer Papst Johannes Paul I. bot er durchaus selbst ein Bild der Bescheidenheit. Aber auch in negativer Hinsicht laden beide Tiere zum Vergleich ein: In einem Lied aus dem erzgebirgischen Obermetzenseifen aus der Mitte des 18. Jahrhunderts (»O wie ein so rauhe Krippen«) werden die beiden »groben Tiere« mit dem eigenen Herzen verglichen, das auch »voller G'stank und Mist der Sünden« ist. Doch wenn es dem Kinde nicht zuwider ist, bei einem Ochsen und Esel zu sein, »ei, so leg dich zu mir nieder, / schickt sich gleich bei mir so fein. / Ich all' beide Tier' vertritt. / Kannst mich für ein' Ochs anbinden, / an mir auch ein' Esel finden, / meine Sitten bringen's mit.«

Den »störrischen Esel«, ja überhaupt den Esel in uns allen hat der evangelische Liedermacher und Publizist Manfred Siebald in einem Lied gezeichnet und ihn all das aussprechen lassen, was uns oft durch den Kopf geht, wenn wir aus unserer Ruhe und Behaglichkeit aufgeschreckt werden, zur Seite rücken und abgeben müssen. Dabei ist dem Esel kein Vorwurf zu machen, denn er ist wirklich nur ein Tier – doch wir sollten eigentlich Gott erkannt haben: »Wir wissen alle Bescheid und benehmen uns heut / noch genau wie der Esel damals schon. / Denn Jesus darf uns nicht vom Schlaf abhalten, / nicht unsern liebsten Besitz verwalten. / Doch wer ihm die Türen aufmacht, / der hat jeden Tag Heilige Nacht.«

Geburt Jesu als Verhaltensmodell

Die Berichte der Evangelien, speziell die Passion Jesu, aber auch die Kindheitsgeschichte, sind immer auch eine Art Verhaltensmodell für uns heutige Hörer und Leser: Wie verhielten sich die Beteiligten damals – und wie würde ich mich selbst in dieser Situation verhalten? In Bezug auf die Geburt Jesu stellt sich so immer wieder auch die Frage: Wer erkennt ihn – und wer erkennt ihn nicht? Herodes und die Schriftgelehrten jedenfalls erkannten ihn nicht – aber das einfache Volk glaubte an ihn als Gott. Die Seinigen nahmen ihn nicht auf – aber Angehörige einer fremden Religion kamen mit Geschenken. »Ich preise dich, Vater, Herr des Himmels und der Erde«, sagt Jesus einmal, »dass du all das den Weisen und Klugen verborgen, den Unmündigen aber geoffenbart hast« (Mt 11,25). Zu den Un-Mündigen zählen auch die »wort-losen« Tiere, Ochs und Esel: Was ihnen geoffenbart wurde, muss auch von uns erst erkannt werden.

Wir sind gekommen, um IHN anzubeten (Venimus adorare eum)

Gregor Linßen (2004)

1. Warum verließen Könige ihre Paläste?
Warum verfolgten Könige einen wandernden Stern?
Warum beugten Könige vor einem Kind ihre Knie?
Als man sie fragte, sagten sie:

Refrain: Venimus adorare eum – Immanuel.

2. Warum verließen Hirten nachts ihre Herden ?
Warum hörten Hirten den Engelsgesang?
Warum beugten Hirten vor einem Kind ihre Knie?
Als man sie fragte, sagten sie:

Refrain: O Immanuel, Gott ist mit uns.

3. Darum sind wir hier, um IHN anzubeten.
Seine Kinder sind wir, Gesalbte und Propheten.
Darum sind wir hier, um IHM zu begegnen,
in Brot und Wein und in dir und mir.
Und wenn man euch fragt, dann sagt:

Refrain: Venimus adorare eum – Immanuel –
Gott ist mit uns.
Venimus adorare eum – Immanuel –
Gott ist mit uns.

Drei Könige und die Völkerwallfahrt

Die hochrangigen Besucher aus dem Osten – Weise? Sternkundige? Könige? – gehörten von Anfang an zur Geburt Jesu
hinzu, auch wenn wir sie erst 13 Tage nach dem Weihnachts-

fest, am 6. Januar, an die Krippe ziehen lassen. Der Evangelist Matthäus nennt sie jedenfalls in unmittelbarem Zusammenhang: »Als Jesus zur Zeit des Herodes in Betlehem in Judäa geboren worden war, kamen Sterndeuter aus dem Osten nach Jerusalem und fragten: Wo ist der neugeborene König der Juden? Wir haben seinen Stern aufgehen sehen und sind gekommen, ihn anzubeten« (Mt 2,1–2). Von »Königen« ist hier nicht die Rede, sondern von »Weisen«, »magoi« auf griechisch, als Sterndeuter interpretiert. Die fromme Deutung begleitet überhaupt ihren Weg: Die christliche *relecture* des Psalms 72 hat aus ihnen »Könige« gemacht, und ihre Dreizahl erschloss man aus den bei Matthäus genannten Gaben Gold, Weihrauch und Myrrhe. Die einzelnen Namen und ihr Alter, ihre Herkunft und Hautfarbe: alles späterer Zusatz, aus den reichhaltigen östlichen Legenden und den im Westen entstandenen geistlichen Spielen erschlossen, nichts, was eine historische Berechtigung nahelegt.

Und doch haben die »Heiligen Drei Könige« unsere Vorstellung von der Geburt Christi, die Theologie des Weihnachtsfestes, vor allem aber dessen Feier und Brauch nachhaltig beeinflusst. In den Gesängen durch die Jahrhunderte spiegelt sich das wider.

Den Stern erkannt

Was sich hinter dem Stern verbirgt, hat man immer wieder auch versucht, astronomisch zu erklären; Planetarien bieten dazu eigene Veranstaltungen an, die auf stupende Weise erkennen lassen, wie sich damals die Planeten Jupiter und Saturn scheinbar so einander näherten, dass ihre Konjunktion sternkundige Männer zur Annahme der Neugeburt eines besonderen Königs bewegen musste. Doch die Theologen und Hymnenschreiber strichen vor allem die biblischen Zusammenhänge heraus. Aurelius Prudentius, ein christlicher

Dichter der Spätantike, verfasste einen Hymnus, in dem er die »kundigen Sterndeuter« (»periti interpretes«) erkennen lässt, dass in dieser Naturerscheinung die Prophezeiungen vom Stern, der aus Jakob aufgeht (Num 24,17), und vom Segen der Nachkommenschaft Abrahams (Gen 22,17) erfüllt ist. Noch heute wird er am Fest Epiphanie und danach gesungen (»Ihr alle, die ihr Christus sucht«):

Und Weise, fern im Orient, / erkennen deutend diesen Stern / als Zeichen, dass ein Königskind / der Welt zum Heil geboren ist.

»Wer ist es«, fragen sie bestürzt, / »dem Licht und Sterne dienstbar sind, / dem sich der Himmel unterwirft, / der über die Gestirne herrscht?

Ein großes Leuchten schauen wir, / erhaben, weit und grenzenlos, / ein Leuchten, das kein Ende kennt, / das älter als der Himmel ist.«

Er ist es, aller Völker Herr, / der König über Judas Haus, / der Abraham verheißen ward / und allen, die ihm Söhne sind.

In den byzantinischen Gesängen des Weihnachtsfestes werden die drei Weisen als »Diener der Sterne« und damit als Angehörige eines heidnischen Kultes dargestellt; durch einen besonderen Stern aber werden sie zur wahren Gotteschau geführt und dazu, das kleine Kind als den von Zacharias vorherverkündeten »Aufgang aus der Höhe« (Lk 1,70) zu erkennen und als die »Sonne der Gerechtigkeit«, die der Prophet Maleachi über allen aufgehen sah, die Gottes Namen fürchten (Mal 3,20).

Die Gaben

Nicht müde werden die Dichter auch, die mitgebrachten Geschenke der Besucher zu deuten. Die von Matthäus genannten Gaben besagen ja nicht nur etwas über die weitgereisten Besucher und ihr Vermögen, sondern mehr noch etwas über das Kind selbst, das König, Gott und der aus dem Grabe Auferstandene ist, wie es Prudentius in einem anderen Hymnus andeutet (»Die Weisen schauen auf zum Stern«):

> Den König kündet an das Gold, / dem Gott steigt auf des Weihrauchs Duft, / doch weist voraus auf Tod und Grab / der Myrrhenkörner Bitterkeit.

Diese alte theologische Deutung der drei Gaben findet sich in vielen Gesängen bis in unsere Zeit. Ihr Vorbild führte die Gläubigen immer auch zu der Frage, was sie denn dem Kind in der Krippe mitbringen könnten. Angesichts des Wertes dieser Gaben keine einfache Frage. Da es ja keine wirklichen Geschenke sein können, wird die innere Haltung und Gesinnung als ein solches Geschenk gesehen. In seinem Lied »Jesus, großer Wunderstern« bietet der lutherische Dichter Erdmann Neumeister (1671–1756) an:

> Nimm das Gold des Glaubens hin, / wie ich's selber von dir habe / und damit beschenket bin; / so ist's dir die größte Gabe. / Lass es auch bewährt und rein / in dem Trübsalfeuer sein.

> Nimm den Weihrauch des Gebets, / lass ihn gnädig dir genügen; / Herz und Lippen sollen stets, / ihn zu opfern, vor dir liegen. / Wenn ich bete, nimm es auf, / sprich dein Ja und Amen drauf.

Nimm der Myrrhe bittre Reu, / ach mich schmerzet meine Sünde! / Aber du bist fromm und treu, / dass ich Trost und Gnade finde / und nun fröhlich sprechen kann: / Jesus nimmt mein Opfer an.

Alle Gaben wollen nichts anderes sein als ein Ausdruck der Liebe, die man dem Kind, in dem Gott seine Liebe uns erweist, entgegenbringt. Letztlich also ist das eigene Herz, die erwiderte Liebe, das angemessene Geschenk, wie viele Dichter immer wieder sagen – das »Herzopfer«, wie es denn auch in verschiedenen Liedern seit der Barockzeit bezeichnet wird.

Anbetung
Nicht nur die Gaben werden von Matthäus genannt, er beschreibt auch, wie die Weisen niederfielen und dem Kinde huldigten. Dieses Niederfallen in Form einer Proskynese, bei der man als Ausdruck des Sich-klein-Machens vor Gott – bzw. einem Herrscher – auf beide Knie fällt und mit dem Kopf den Boden berührt, war im antiken Hofzeremoniell üblich; es lebt noch heute fort in der byzantinischen Liturgie, aber auch in der westlichen, wenn etwa zu Beginn des Karfreitagsgottesdienstes eine Prostratio gemacht wird.

Auch in dem alten Lied »Ein Kind geborn zu Betlehem« wird dieser Gestus genannt: »Sie fielen nieder auf ihre Knie / und sprachen: Gott und Mensch ist hie«, heißt es bei Lucas Lossius, der die alte »Puer natus«-Dichtung 1553 mit einem zweistimmigen Satz versah. Möglicherweise stand hinter dem Lied auch das Spiel, das die einzelnen Aussagen des Liedes anschaulich machte: In einer szenischen Aufführung ziehen drei Könige in die Kirche; »am Eingang grüßen sie, das heißt sie verneigen und bekreuzigen sich, wie man es in einem heiligen Raum zu tun pflegt. In einer Prozession durchziehen sie auf verschiedenen Wegen die Kirche, sie legen symbolisch eine lange Strecke zurück; sie suchen das Kind, indem sie sich immer wieder umblicken. Endlich finden sie die Krippe, wenn ein Vorhang beim Altar weggezogen wird. Sie knien nieder und beten das Kind an, mit der exakten Formel der Zweinaturenlehre: Gott und Mensch ist hier.« Man hat, so Martin Rößler, der diese Beschreibung gibt, tatsächlich eine Krippe auf den Altar gestellt, zugleich steht die Monstranz mit der geweihten Hostie auf dem Altar als Zeichen ewig währender göttlicher Gegenwart. Die Kniebeuge und das Knien werden im Zusammenhang der eucharistischen Frömmigkeit zur angemessenen Haltung – und später zur typisch katholischen.

Denn die Lehre von der fortdauernden eucharistischen Gegenwart wird zum Punkt der Auseinandersetzung zwischen Katholiken und Protestanten – und damit auch das Knien: Vielleicht hat der Jesuit Friedrich Spee in der Zeit der Gegenreformation auch eben diesen Dissens bei seinem Weihnachtslied »Es führt drei König Gottes Hand« im Blick, wenn er in dessen 6. Strophe schreibt: »Mit Weihrauch und gebognem Knie / erkannten sie die Gottheit hie / … / O Gott, halt uns bei dieser Lehr', / kein Ketzerei lass wachsen mehr.«

Im 21. Jahrhundert angekommen

Der 6. Januar, auch wenn er im Volksmund als »Heilig Dreikönig« bezeichnet wird, ist kein Heiligenfest. Ein eigenes Fest der drei Weisen aus dem Morgenland gibt es auch nicht – abgesehen von Köln, wo das Gedächtnis der Übertragung ihrer Gebeine am 23. Juli begangen wird. Mit der Translation dieser Gebeine aus Mailand im Jahr 1164 befand sich Köln im Besitz sehr wertvoller Reliquien, die seither unzählige Menschen in die Stadt am Rhein strömen ließen.

Im Jahr 2005 fand ebendort der XX. Weltjugendtag statt, zu dem noch Papst Johannes Paul II. eingeladen hatte; hunderttausende Pilger folgten dieser Einladung. Die Feier stand unter dem Leitwort, das der Beschreibung vom Besuch der drei Weisen an der Krippe im Matthäusevangelium entlehnt war: »Wir sind gekommen, um IHN anzubeten.«

Gregor Linßen hat das Leitwort in ein Lied gefasst, das zum offiziellen Weltjugendtagslied wurde. Es ist gewissermaßen auch ein aktuelles Weihnachtslied, denn es werden uns nicht nur die drei Könige, sondern auch die Hirten vor Augen geführt. Ihre Welt hat sich verkehrt – drei Fragen machen das jeweils klar: Warum verlassen Könige ihre Paläste, folgen einem Stern und beugen die Knie vor einem Kind? Warum lassen Hirten ihre Herde im Stich und beten ein Kind im Stall an, nachdem sie die Engel gehört haben? Die Antwort wird doppelt gegeben: Weil sie IHN gefunden haben, den wahren Gott und König, den anzubeten sie gekommen sind, antworten die Könige in der Hochsprache des Latein. – Weil sie den gefunden haben, der sich zu ihnen herabgebeugt hat und einer von ihnen wurde, antworten die Hirten in der Sprache der einfachen Leute, für die hier das Deutsch des Gastgeberlandes steht. Mit ihnen sind auch wir eingeladen, Gott zu suchen, zu finden und anzubeten – er ist gegenwärtig in Brot und Wein, in der Gemeinschaft der Glaubenden.

So wendet dieses Lied, das in zahlreiche Sprachen übersetzt wurde, den Blick zurück auf das Bild der Völkerwallfahrt, das uns Jesaja im 60. Kapitel zeigt und das auch der Schilderung von den drei Weisen, die sich aufmachen, den neuen König zu suchen, zugrundeliegt. Und es sagt uns als weihnachtliche Botschaft: Alles Streben danach, Jesus Christus zu suchen und zu finden, kann nur darin sein letztes Ziel haben, ihm auch die Ehre zu geben und als den Gott mit uns, Immanuel, anzubeten.

Nachwort

Wir sind am Ende unseres kleinen Ganges durch die Weihnachtslieder und ihre Geschichte angelangt. Es ist auch eine Geschichte des Weihnachtsliedes als solchem, ja eigentlich sogar eine Geschichte des Weihnachtsfestes überhaupt und wie es in der jeweiligen Zeit verstanden und gefeiert wurde – und wie sich dies im Spiegel der Lieder zeigt. Es ist vielleicht nicht weiter verwunderlich, dass verschiedene Motive durch die Jahrhunderte hindurch immer wieder begegnen – eher erstaunt vielleicht, welche Motive das außer der biblischen Bilder einer heiligen Familie, Hirten und Könige sind: So etwa das der Herablassung Gottes, wie es sich schon im ältesten Gesang zur Menschwerdung Gottes, dem Philipperhymnus, findet und das in verschiedenen Liedern verwendet wird. Aber auch das zur Geschichte und Theologie des Weihnachtsfestes gehörige Bild der Sonne und ihres Weges, das schon aus dem Psalter stammt. Schließlich scheint die Sprechweise in Paradoxa durch alle Zeiten hindurch die angemessene Form zu sein, das letztlich unbegreifliche Mysterium der Menschwerdung Gottes auszudrücken.

Doch die Themen des Weihnachtsliedes und ihre Schwerpunkte können sich auch immer wieder ändern. Stand in den ersten Liedern dieses Festes noch die dogmatische Aussage im Vordergrund (Jesus Christus als wahrer Gott und wahrer Mensch), so trat im Laufe der Zeit auch die Beziehung der Glaubenden zu dem neugeborenen Kind hinzu. Sie drückte sich nicht nur in der äußeren Gestaltung des Festes (Kindelwiegen etc.) aus, sondern auch im Lied – vor allem die persönliche Beziehung des einzelnen Christen. Im späten Mittelalter und besonders in der Zeit der lutherischen Orthodoxie trat zunehmend das »Ich« an die Stelle des gemeindlichen »Wir«. Die Dichter der Reformation stellten in ihren Liedern vor allem die Gnaden bringende Botschaft der Geburt Christi heraus. Mit der zunehmenden Verlagerung der weihnachtlichen Feier in die Familien seit dem 18. Jahrhundert wurde auch die häusliche Feier selbst zum Gegenstand der Lieder. Die auch politische Dimension der Lieder, die sie anfänglich durch ihre theologischen Aussagen einnehmen konnte, verengte sich immer mehr zur inniglichen, ja lediglich sentimentalen Äußerung. Ihrer eigentlichen Botschaft immer mehr entkernt, führte dies auch zur Veräußerlichung und Kommerzialisierung der Weihnachtslieder in neuerer Zeit.

Zugleich fällt auf, wie verschiedene, oft unvereinbar scheinende Aspekte nebeneinander stehen können. Während zur Zeit des Nationalsozialismus die Todverfallenheit der Geburt Jesu, Not und Elend brennende Aktualität wurden, konnte sich auf der anderen Seite des Atlantiks eine zunehmend virtuelle und plüschige Weihnachtsglitzerwelt mit Rentieren, Schlitten und Weihnachtsmann etablieren, die sich inzwischen weltweit ausgedehnt hat. Und auch das moderne geistliche Lied aus der 2. Hälfte des 20. Jahrhunderts kann ebenso zum (politischen) Handeln aufrufen wie zu Lobpreis und Anbetung.

Vielleicht aber kann man überhaupt nur in dieser Vielfalt und Gleichzeitigkeit das Weihnachtsfest verstehen und feiern: An Weihnachten blicken wir zurück auf Betlehem – und schauen gleichzeitig nach vorn in unsere Zukunft. Weihnachten geht uns Menschen gemeinsam an, und doch ist die Menschwerdung Gottes ein Geschehen, das sich im Innern jedes Einzelnen vollziehen muss. Wir können dieses Fest mit Freude und Fröhlichkeit feiern, und dürfen doch auch die Not zahlloser Menschen nicht übersehen, in der sich die Todverfallenheit spiegelt, in die hinein Christus geboren wurde. Die Inkarnation, Fleischwerdung, ist ein einmaliges Geschehen und ereignet sich doch jeden Tag aufs Neue, wenn in der

Eucharistie der Leib Christi Gegenwart wird. Weihnachten hat viele Facetten, und gewiss wird auch die Zukunft diesem Fest neue Seiten hinzufügen, mit denen versucht wird, das Unbegreifliche zu begreifen.

Lieder-Register
der biblischen und liturgischen Gesänge

Quellennachweis

Der Philipperhymnus (Phil 2,6–11)
Einheitsübersetzung der Heiligen
Schrift
© 1980 Katholische Bibelanstalt,
Stuttgart

Komm, du Heiland aller Welt
Übersetzung (1–8):
Markus Jenny 1974
© Theologischer Verlag Zürich

Vom hellen Tor der Sonnenbahn
Übersetzung:
Abtei Münsterschwarzach
Kleines Stundenbuch,
Advents- und Weihnachtszeit.
© Verlag Herder GmbH, Freiburg
im Breisgau.

Transeamus usque Betlehem
Übersetzung: Pfarrer em.
Rüdiger Hinz
33378 Rheda-Wiedenbrück

Joseph, lieber Joseph mein
Hochdeutsche Textfassung:
Hilger Schallehn
© SCHOTT MUSIC,
Mainz – Germany

*Nun schmücken wir den Weihnachts-
baum*
© Siegfried Macht, Bayreuth

Weihnachtslied
Erich Fried:
Befreiung von der Flucht
© 1968 Claassen Verlag in der
Ullstein Buchverlage GmbH, Berlin

Uns ist ein Licht aufgegangen
Text: Wilhelm Willms,
© KiMu Kinder Musik Verlag
GmbH, 64285 Darmstadt

Was hat wohl der Esel gedacht
Text & Melodie: Manfred Siebald
© 1978 SCM Hänssler, 71087
Holzgerlingen

Venimus adorare eum
Text und Musik: Gregor Linßen
© 2004 EDITION GL, Neuss

Abbildungsverzeichnis

Seite 32:
Miniatur – Maria und Kind in Höhle – aus einer Prüfeninger Handschrift
des 12. Jh.; München Bayerische Staatsbibliothek Clm 13069, fol 123v
© Bayerische Staatsbibliothek, München.

Seite 67:
P-Initiale des »Puer natus est«; Kiedericher Graduale, Codex A

Seite 72:
Stahlstich von 1843 von Carl August Schwerdgeburth, »Martin Luther im
Kreise seiner Familie zu Wittenberg am Christabend 1536«. © AKG Images

Seite 118:
In Christenfreude Lied und Bild. Autor: Adrian Ludwig Richter. Gemeinfrei

Seite 126:
Weihnachten, Verteilung von Geschenken für Weisen, Zeichnung von
Karl Mueller © AKG Images

Literatur (in Auswahl)

Guido Fuchs, Heiligabend. Ein Fest und seine Rituale, Kevelaer 2017.

Karl Hauschildt, Die Christusverkündigung im Weihnachtslied unserer Kirche. Eine theologische Studie zur Liedverkündigung, Berlin 1952.

Liederkunde zum Evangelischen Gesangbuch (Handbuch zum Evangelischen Gesangbuch Bd. 3), im Auftrag der EKD gemeinschaftlich mit Hans-Christian Drömann, Christian Finke, Johannes Heinrich, Helmut Kornemann, Martin Rößler und Joachim Stalmann hrsg. von Gerhard Hahn und Jürgen Henkys, Göttingen 2000 ff. (Einzelhefte)

Theodor Maas-Ewerd, »Schon leuchtet deine Krippe auf.« Die Feier der Geburt Jesu Christi und der weihnachtliche Festkreis in Liturgie und Brauchtum, St. Ottilien 2000.

Martin Rößler, Da Christus geboren war … Texte, Typen und Themen des deutschen Weihnachtsliedes, Stuttgart 1981.

Ingeborg Weber-Kellermann, Das Buch der Weihnachtslieder, Mainz 1982.

Ingeborg Weber-Kellermann, Das Weihnachtsfest. Eine Kultur- und Sozialgeschichte der Weihnachtszeit, München – Luzern 1978.

Werkbuch zum Gotteslob. Herausgegeben im Auftrag der Kommission für das Einheitsgesangbuch von Josef Seuffert unter Mitwirkung von Rupert Berger, Günter Duffrer und Erhard Quack, Band I (Advent/Weihnachten), Freiburg i. Br. 1975.